PLATIN EDITION

Unsere 150 Liebsten

EXPRESS-REZEPTE

SCHNELL, EINFACH UND GENIAL!

INHALT

Mit diesem Symbol sind alle vegetarischen Gerichte gekennzeichnet.

Die Backzeiten können je nach Herd variieren. Unsere Temperaturangaben beziehen sich auf das Backen im Elektroherd mit Ober- und Unterhitze.

INHALT

FRÜHSTÜCK

Auch wenn die Zeit morgens immer knapp ist, ein kraftspendendes Frühstück muss sein! Ob Dinkel-Birnen-Porridge, Kokos-Smoothie-Bowl, Brombeer-Cranberry-Mus oder Milchreis mit Zimtzucker – mit diesen Ratzfatz-Leckerbissen wird der Tag garantiert ein voller Erfolg!

Für 4 Personen • 25 Min. Zubereitung • Pro Portion ca. 495 kcal, 12 g E, 22 g F, 59 g KH

BIRCHERMÜSLI MIT MANGO

MIT EXOTIK-TOUCH

40 g getrocknete Mango (ersatzweise Physalis)
½ TL gemahlene Vanille
125 ml ungesüßter Apfelsaft
100 g feine Haferflocken
400 g Joghurt
125 g Sahne
2 säuerliche Äpfel (z.B. Elstar)
2 EL Zitronensaft
60 g Cashewkerne
1 reife Mango
4 EL Agavendicksaft

1 Die getrocknete Mango klein schneiden. Die Mangostücke in einer Schüssel mit Vanille, Apfelsaft, Haferflocken, Joghurt und Sahne verrühren und ca. 10 Min. quellen lassen.

2 Inzwischen die Äpfel waschen, vierteln und entkernen. Die Viertel auf der Rohkostreibe grob raspeln und sofort mit dem Zitronensaft beträufeln. Die Cashewkerne grob hacken. Die frische Mango schälen, das Fruchtfleisch in großen Stücken vom Stein schneiden und anschließend klein würfeln.

3 Apfelraspel, Agavendicksaft und je zwei Drittel der Mangowürfel und der Cashewkerne unter die Flocken-Joghurt-Mischung rühren. Das Müsli auf vier Schalen verteilen und mit den übrigen Mangowürfeln und den restlichen Cashewkernen bestreuen. Das Birchermüsli gleich servieren.

Für 4 Personen • 20 Min. Zubereitung • Pro Portion ca. 470 kcal, 15 g E, 13 g F, 73 g KH

DINKEL-BIRNEN-PORRIDGE

FEIN IM HERBST

ca. 1 l Milch
Salz
200 g kernige Dinkelflocken
40 g Rosinen
2 reife feste Birnen (ca. 400 g; z. B. Williams Christ)
1 EL Zitronensaft
1 EL Butter
4 EL Birnendicksaft
½ TL Zimtpulver
4 Feigen

1 In einem Topf 900 ml Milch mit 1 Prise Salz, den Dinkelflocken und den Rosinen aufkochen. Den Brei unter gelegentlichem Umrühren bei kleiner Hitze in ca. 15 Min. ausquellen lassen. Falls der Porridge zu fest wird, die übrige Milch (100 ml) unterrühren.

2 Inzwischen die Birnen waschen, vierteln und entkernen. Die Viertel längs in Spalten schneiden und sofort mit dem Zitronensaft beträufeln. Die Butter in einer Pfanne zerlassen und die Birnenspalten darin bei mittlerer Hitze unter Wenden 2–3 Min. dünsten. 2 EL Birnendicksaft und ¼ TL Zimt dazugeben und das Ganze einmal kurz aufkochen lassen, dann die Pfanne vom Herd nehmen. Die Feigen abbrausen, trocken tupfen, in Spalten schneiden und unterheben.

3 Den Porridge auf tiefe Teller verteilen, die Birnen-Feigen-Mischung daraufgeben. Mit dem übrigen Birnendicksaft (2 EL) beträufeln und mit dem restlichen Zimt (¼ TL) bestäubt servieren.

Für 4 Personen • 20 Min. Zubereitung • Pro Portion ca. 440 kcal, 11 g E, 24 g F, 43 g KH

KOKOS-SMOOTHIE-BOWL

VEGAN

4 EL Cashewkerne
4 EL Walnusskerne
4 EL zarte Fünfkorn-Flocken
4 EL Kokos-Chips
600 g Kokosjoghurt (ungesüßt)
200 g Himbeeren
200 g Heidelbeeren
2 EL Ahornsirup
2 EL Limettensaft

1 Cashew- und Walnusskerne grob hacken. Die gehackten Nüsse mit den Flocken und den Kokos-Chips in einer Pfanne ohne Fett bei mittlerer Hitze goldbraun rösten. Vom Herd nehmen und abkühlen lassen. Inzwischen den Joghurt gut durchrühren und auf vier Bowls verteilen.

2 Himbeeren und Heidelbeeren verlesen, abbrausen und trocken tupfen. Von den Beeren etwa ein Drittel zum Garnieren beiseitelegen. Die übrigen Beeren mit Ahornsirup und Limettensaft im Mixer oder mit dem Pürierstab fein pürieren. Das Fruchtpüree nach Belieben durch ein feines Sieb passieren, um die Kerne zu entfernen.

3 Das Püree mittig als Längsstreifen auf den Joghurt geben und mit einem Löffelstiel zu einer Seite hin spiralförmig verziehen. Die Smoothie-Bowl mit der Flocken-Nuss-Mischung bestreuen und mit den beiseitegelegten Beeren garniert servieren.

Für 4 Personen • 20 Min. Zubereitung • Pro Portion ca. 475 kcal, 11 g E, 21 g F, 57 g KH

AVOCADO-KEFIR-BOWL

VITAMINREICH

8 EL kernige Haferflocken
4 EL Agavendicksaft
4 EL gepuffter Amarant
100 g Baby-Blattspinat
1 große Banane
1 große Avocado
3 Kiwis
200 g blaue kernlose Weintrauben
12 Physalis
500 g Kefir

1 Die Haferflocken in einer Pfanne ohne Fett bei mittlerer Hitze goldbraun rösten. Agavendicksaft zugeben und ca. 1 Min. unter Rühren einkochen lassen. Amarant unterrühren und die Mischung auf Backpapier auskühlen lassen.

2 Den Spinat verlesen, waschen und trocken schleudern. Die Banane schälen und grob zerteilen. Avocado halbieren, entkernen, das Fruchtfleisch aus der Schale lösen und grob würfeln. Kiwis schälen, 2 Kiwis in Stücke, die übrige Kiwi in Scheiben schneiden. Trauben waschen und in dünne Scheiben schneiden. Physalis aus den Hüllblättern lösen, waschen und ebenfalls in Scheiben schneiden.

3 Spinat (bis auf einige Blätter), Banane, Avocado, Kiwistücke, Kefir und 100 ml Wasser im Mixer oder mit dem Pürierstab fein pürieren. Den Smoothie in Bowls füllen, mit Trauben-, Kiwi- und Physalisscheiben belegen. Mit Flocken und Spinatblättern bestreut servieren.

Für 4 Personen • 25 Min. Zubereitung • Pro Portion ca. 535 kcal, 24 g E, 38 g F, 24 g KH

GRATINIERTE GEMÜSE-EIER

HERZHAFTES VERGNÜGEN

200 g Zucchini
3 dünne Frühlingszwiebeln
150 g Kirschtomaten
2 EL Olivenöl
2 EL Sonnenblumenkerne
Salz, Pfeffer
60 g Manchego (span. Käse)
8 EL Sahne
8 Eier
4 Scheiben Vollkornbrot (ca. 200 g)
2 TL Butter
2 Stängel Basilikum

AUSSERDEM
4 flache Gratinförmchen (à ca. 150 ml)

TIPP
Wie wäre es mit einer Brotkruste on top statt der Sticks? Dafür 150 g Pumpernickel zerbröseln, in einer Pfanne ohne Fett in 5–6 Min. knusprig rösten und vor dem Servieren auf die Eier streuen.

1 Den Backofen auf 200° vorheizen. Die Zucchini putzen, waschen und klein würfeln. Die Frühlingszwiebeln putzen und waschen, die weißen und hellgrünen Teile in feine Ringe schneiden. Kirschtomaten waschen und vierteln.

2 Das Öl in einer Pfanne erhitzen. Zucchini, Zwiebelringe und Sonnenblumenkerne dazugeben und bei mittlerer Hitze ca. 3 Min. braten, zwischendurch wenden. Salzen, pfeffern und vom Herd nehmen. Den Käse grob reiben.

3 Zucchinimischung und Tomaten auf die Förmchen verteilen und mit je 2 EL Sahne beträufeln. Den Käse darüberstreuen. Je 2 Eier aufschlagen, auf das Gemüse gleiten lassen, salzen und pfeffern. Die Gemüse-Eier im Ofen (Mitte) 8–10 Min. backen.

4 Inzwischen die Brotscheiben in ca. 1 cm breite Streifen schneiden. Die Butter in einer Pfanne zerlassen und die Brotstreifen darin unter Wenden 4–5 Min. braten. Das Basilikum abbrausen und die Blätter abzupfen.

5 Die Förmchen aus dem Ofen nehmen. Die Gemüse-Eier mit dem Basilikum bestreuen und mit den Brotsticks servieren.

Für ca. 250 g • 20 Min. Zubereitung • Bei 8 Portionen (1 EL) pro Portion ca. 60 kcal, 2 g E, 4 g F, 3 g KH

NUSS-PAPRIKA-PASTE

MIT RÖSTAROMA

1 große rote Paprika • 80 g Cashewkerne • 20 g heller Sesam • 1 EL Tomatenmark • 1 EL Olivenöl • Salz, Pfeffer • 1 Msp. rosenscharfes Paprikapulver

1 Den Backofengrill vorheizen. Paprika waschen, vierteln, Trennwände und Kerne entfernen und die Viertel mit der Hautseite nach oben auf Alufolie auf den Rost legen. Die Schoten unter dem Grill (oben) 8–10 Min. grillen, bis die Haut schwarze Blasen wirft. Paprika herausnehmen, kurz abkühlen lassen, häuten und klein schneiden.

2 Inzwischen Cashewkerne und Sesam in einer Pfanne ohne Fett bei mittlerer Hitze goldbraun rösten. Vom Herd nehmen und mit Paprika, Tomatenmark und Öl mit dem Pürierstab glatt pürieren. Die Paste mit Salz, Pfeffer und Paprikapulver würzen. Dazu schmeckt Nussbrot. Der Aufstrich hält sich gekühlt 4–5 Tage.

Für ca. 300 g • 25 Min. Zubereitung • Bei 5 Portionen (2 EL) pro Portion ca. 95 kcal, 2 g E, 10 g F, 1 g KH

AVOCADO-KRÄUTER-AUFSTRICH

LEICHT UND CREMIG

1 reife Avocado • 1 EL Limettensaft • 2 EL Magerquark • 1 EL Olivenöl • 2 TL Wasabi (aus der Tube) • Salz, Pfeffer • 1 Schalotte • 4 Stängel Petersilie • ½ Bund Schnittlauch

1 Die Avocado längs halbieren, den Kern entfernen und das Fruchtfleisch aus der Schale löffeln. Sofort mit Limettensaft beträufeln und mit einer Gabel zerdrücken. Quark und Olivenöl untermischen und die Creme mit Wasabi, Salz und Pfeffer pikant-scharf abschmecken.

2 Die Schalotte schälen und sehr fein würfeln. Kräuter abbrausen und trocken schütteln. Petersilienblätter abzupfen und hacken, Schnittlauch in feine Röllchen schneiden. Schalotte und die Kräuter bis auf 1–2 TL unter die Creme heben. Mit den übrigen Kräutern garnieren. Der Aufstrich hält sich gekühlt 1–2 Tage.

Für 1 Glas (ca. 250 g) • 15 Min. Zubereitung • Bei 8 Portionen (1 EL) pro Portion ca. 240 kcal, 6 g E, 18 g F, 14 g KH

ERDNUSS-KOKOS-CREME

VEGAN

125 g Erdnusskerne • 50 g Kokosöl • 70 g Vollrohrzucker • Salz

1 Die braunen Häutchen von den Erdnüssen mit den Fingern abreiben. Die Nüsse dann in einer Pfanne ohne Fett leicht anrösten. In den Blitzhacker geben und fein mahlen. Nach und nach Kokosöl, Zucker und 1 Prise Salz dazugeben und alle Zutaten in 1–2 Min. zu einer homogenen Masse mixen.

2 Die Creme in ein heiß ausgespültes Glas mit Schraubdeckel füllen und dieses fest verschließen. Die Erdnuss-Kokos-Creme nicht im Kühlschrank aufbewahren, sonst wird sie zu fest. Bei Zimmertemperatur hält sie sich ca. 1 Monat. Sie schmeckt besonders gut auf Vollkornbrötchen.

Für 1 Glas (ca. 300 g) • 10 Min. Zubereitung • Bei 10 Portionen (1 EL) pro Portion ca. 32 kcal, 0 g E, 0 g F, 12 g KH

BROMBEER-CRANBERRY-MUS

KALT GERÜHRT

5 EL roter Traubensaft (ersatzweise Holunderbeerensaft) • 75 g getrocknete Soft-Cranberrys • 150 g Brombeeren (ersatzweise aufgetaute TK-Brombeeren) • 50 g flüssiger Honig • ½ TL abgeriebene Bio-Orangenschale

1 Den Saft erhitzen und die Cranberrys darin ca. 5 Min. einweichen. Inzwischen die Brombeeren kurz abbrausen und verlesen.

2 Die eingeweichten Cranberrys samt Saft mit den Brombeeren in eine hohe Rührschüssel geben. Mit dem Pürierstab zu einer homogenen Masse mixen. Honig und Orangenschale gründlich untermixen. Die Konfitüre randvoll in ein sauberes Twist-off-Glas füllen und verschließen. Dazu schmecken Quark und Vollkornbrot. Den Aufstrich im Kühlschrank aufbewahren, dann hält er sich bis zu 2 Wochen.

Für 2 Personen • 35 Min. Zubereitung • Pro Portion ca. 560 kcal, 16 g E, 13 g F, 93 g KH

MILCHREIS MIT ZIMTZUCKER

KLASSIKER

750 ml Milch (3,5 % Fett)
110 g Milchreis (ersatzweise Risotto-Reis)
45 g Zucker
1 TL Vanilleextrakt (ersatzweise 1 Pck. Vanillezucker)
½ Zimtstange
Zimtpulver

1 Milch, Reis, 40 g Zucker, Vanilleextrakt und die Zimtstange in einem Topf mischen und bei mittlerer Hitze langsam zum Kochen bringen. Dabei ab und zu umrühren.

2 Sobald die Milch kocht, die Hitze reduzieren und alles offen bei kleiner bis mittlerer Hitze 20–25 Min. köcheln lassen, bis der Reis weich und die Mischung angedickt ist. Dabei ab und zu umrühren. Inzwischen den restlichen Zucker (5 g) mit 1 Prise Zimtpulver mischen.

3 Den Topf vom Herd nehmen und den Reis ca. 5 Min. abkühlen lassen. Er quillt dabei weiter und saugt mehr Milch auf. Zum Servieren die Zimtstange entfernen, den Milchreis auf zwei Schalen verteilen und mit der Zimt-Zucker-Mischung bestreuen. Dazu passen frische Früchte, Fruchtmus, Nuss-Nougat-Creme oder Kokos-Chips.

Für 2 Personen • 10 Min. Zubereitung • Pro Portion ca. 145 kcal, 3 g E, 2 g F, 28 g KH

ERDBEER-SMOOTHIE-BOWL

VITAMINREICH

1 Orange
½ Banane
½ Mango (ca. 100 g Fruchtfleisch)
100 g TK-Erdbeeren
2 EL Schokoladen-Müsli (ersatzweise Schokoladen-Granola)

1 Die Orange halbieren und beide Hälften auspressen. Die halbe Banane schälen und in grobe Stücke schneiden. Die halbe Mango schälen, das Fruchtfleisch in Scheiben vom Kern schneiden und die Scheiben dann ebenfalls grob schneiden.

2 Den Orangensaft mit Bananenstücken, Mangostücken und den gefrorenen Erdbeeren in einen Mixer geben und alle Zutaten fein pürieren. Zum Servieren die Erdbeer-Smoothie-Bowl auf zwei Schüsseln verteilen und mit je 1 EL Schokoladen-Müsli bestreuen.

SNACKS

Was Schnelles für zwischendurch gesucht? Oder ein spontanes Partymitbringsel? Hier kommen die besten Mini-Turbos von Lachs-Wraps über Roastbeef-Stulle und Auberginen-Sandwich bis hin zu Bresaola-Tramezzini – alle blitzschnell zubereitet und mindestens ebenso schnell verputzt.

Für 2 Personen • 15 Min. Zubereitung • Pro Portion ca. 530 kcal, 24 g E, 15 g F, 72 g KH

LACHS-WRAPS

LEICHT GEMACHT

1 Römersalatherz (ca. 80 g)
1 Orange
4 EL saure Sahne
2 EL süßer Senf
2 EL flüssiger Honig
1 EL Zitronensaft
Salz, Pfeffer
2 große Tortillas (Weizenfladen)
100 g geräucherter Lachs (in Scheiben)

AUSSERDEM

Butterbrotpapier (nach Belieben)

1 Salat putzen, waschen, trocken schleudern und in mundgerechte Streifen schneiden. Die Orange mit einem scharfen Messer so schälen, dass auch die weiße Haut mit entfernt wird. Orange in Spalten teilen und diese quer in dünne Scheiben schneiden. Die saure Sahne mit Senf, Honig und Zitronensaft verrühren, mit Salz und Pfeffer würzen.

2 Eine große Pfanne erhitzen und die Tortillas darin nacheinander nach Packungsanweisung von beiden Seiten je ca. 30 Sek. erhitzen. Herausnehmen und mit der Sahne-Senf-Mischung bestreichen. Die Lachsscheiben in kleine Stücke zupfen und darauflegen. Die Salatstreifen und die Orangenscheiben darauf verteilen und die Tortillas fest aufrollen.

3 Zum Servieren die Tortillas mit einem scharfen Messer halbieren und am unteren Ende mit Butterbrotpapier umwickeln.

Für 2 Personen • 25 Min. Zubereitung • Pro Portion ca. 680 kcal, 49 g E, 26 g F, 58 g KH

BURRITOS MIT ERDNUSSSAUCE

TEXMEX

1 Römersalatherz (ca. 80 g)
1 rote Paprika
1 Hähnchenbrustfilet (ca. 220 g)
3 TL Sojasauce
1 EL Öl
50 g Erdnussmus
125 g Joghurt
Salz, Pfeffer
1 TL flüssiger Honig
2 große Tortillas (Weizenfladen)
50 g geriebener Gouda

1 Salat putzen, waschen, trocken schleudern und in Streifen schneiden. Paprika waschen, vierteln, Trennwände und Kerne entfernen und die Viertel in Streifen schneiden. Hähnchenfleisch trocken tupfen, in ca. 1 cm dicke Scheiben, dann in Streifen schneiden. Mit Sojasauce vermengen. Eine Pfanne mit Öl erhitzen und das Fleisch darin in ca. 4 Min. goldbraun anbraten. Inzwischen Erdnussmus mit Joghurt glatt rühren, salzen und pfeffern. Das Fleisch mit Pfeffer würzen, Honig unterrühren, die Mischung abgedeckt beiseitestellen.

2 Pfanne säubern, erneut erhitzen und die Tortillas darin nacheinander nach Packungsanweisung pro Seite ca. 30 Sek. erhitzen. Je 25 g Käse darüberstreuen und zugedeckt schmelzen lassen.

3 Tortillas mittig mit je der Hälfte Salat-, Paprika- und Hähnchenstreifen belegen und je die Hälfte der Erdnusssauce daraufgeben. Tortillas seitlich einklappen und aufrollen. Zum Servieren durchschneiden.

Für 2 Personen • 20 Min. Zubereitung • Pro Portion ca. 255 kcal, 19 g E, 13 g F, 13 g KH

GEMÜSE MIT THUNFISCHSAUCE

GELINGT GANZ LEICHT

Salz
200 g Bundmöhren
100 g Zuckerschoten
4 Frühlingszwiebeln
4 Artischockenherzen (aus der Dose)
1 Dose Thunfisch (im eigenen Saft; 130 g Abtropfgewicht)
4 EL Joghurt
2 EL Mayonnaise
4 TL Zitronensaft
Salz, Pfeffer
4 TL kleine Kapern (aus dem Glas)

1 In einem Topf reichlich Wasser aufkochen und salzen. Inzwischen die Möhren putzen und schälen, dickere Möhren längs halbieren. Zuckerschoten putzen und waschen. Frühlingszwiebeln putzen, waschen, weiße und hellgrüne Teile quer halbieren. Artischockenherzen abtropfen lassen und durchschneiden. Die Möhren im kochenden Salzwasser ca. 5 Min. garen. Zuckerschoten und Frühlingszwiebeln dazugeben und ca. 1 Min. mitkochen.

2 Inzwischen den Thunfisch abtropfen lassen und zerpflücken. Mit Joghurt, Mayonnaise und Zitronensaft in eine hohe Rührschüssel geben und mit dem Pürierstab fein mixen. Mit Salz und Pfeffer kräftig würzen. Die Kapern abtropfen lassen und unterrühren.

3 Das Gemüse abgießen, abtropfen lassen und mit den Artischocken auf Tellern anrichten. Salzen und pfeffern, mit der Thunfischsauce überziehen und servieren. Dazu passt Baguette.

Für 2 Personen • 20 Min. Zubereitung • Pro Portion ca. 610 kcal, 29 g E, 53 g F, 6 g KH

PIMIENTOS MIT HALLOUMI

SNACKEN WIE IM SÜDEN

4 EL Olivenöl
200 g Pimientos de Padrón (grüne Bratpaprika)
250 g Halloumi
1 Bio-Zitrone
4 Stängel Oregano (ersatzweise 1 TL getrockneter Oregano)

1 In einer Grillpfanne 2 EL Olivenöl erhitzen. Die Pimientos waschen und abtrocknen, Stiele nicht entfernen. (Die Kerne der Pimientos kann man mitessen.) Den Halloumi trocken tupfen und in ca. 1 cm dicke Scheiben schneiden. Beides im heißen Öl bei mittlerer bis großer Hitze ca. 5 Min. unter Wenden braten, bis die Haut der Pimientos Blasen wirft und der Halloumi goldbraun ist.

2 Inzwischen für das Dressing die Zitrone heiß waschen und abtrocknen, 1 TL Schale fein abreiben und 4 EL Zitronensaft auspressen. Den Oregano waschen und trocken schütteln, die Blätter abzupfen und hacken. Zitronensaft und -schale mit dem Oregano und dem übrigen Öl (2 EL) verrühren.

3 Pimientos und Halloumi auf Tellern anrichten, mit dem Dressing beträufeln und sofort servieren. Dazu schmeckt Fladenbrot oder Ciabatta.

Für 2 Personen • 15 Min. Zubereitung • Pro Portion ca. 770 kcal, 42 g E, 43 g F, 53 g KH

CHORIZO-RÜHREI-STULLE

SPANISCH

80 g Chorizo (scharfe spanische Paprikawurst) • 4 Eier • 2 EL Sahne • Salz, Pfeffer • 1 EL Butter • 80 g geriebener Gouda • ½ Bund Schnittlauch • 4 Scheiben Bauernbrot (à ca. 60 g)

1 Chorizo zuerst in Scheiben, dann in Streifen schneiden. Die Eier in einer Schüssel verquirlen, die Sahne unterrühren, mit Salz und Pfeffer würzen. Die Butter in einer Pfanne erhitzen. Die Chorizo hineingeben und unter Rühren bei mittlerer Hitze ca. 30 Sek. anbraten. Die Eiermasse dazugießen und den Käse darüberstreuen.

2 Die Eiermischung unter häufigem Rühren 2–3 Min. braten, bis das Ei gestockt, aber nicht trocken ist. Inzwischen den Schnittlauch waschen, trocken schütteln und in Röllchen schneiden. Das Chorizo-Rührei auf die Brotscheiben verteilen und mit dem Schnittlauch bestreuen.

Für 2 Personen • 10 Min. Zubereitung • Pro Portion ca. 610 kcal, 26 g E, 29 g F, 61 g KH

ROASTBEEF-STULLE

KLASSIKER

4 Blätter Kopfsalat • 12 Cornichons • 4 EL Salatmayonnaise • 4 EL körniger Frischkäse • 4 TL Meerrettich (aus dem Glas) • 1 Kästchen Kresse • Salz, Pfeffer • 4 Scheiben Graubrot (à ca. 60 g) • 8 Scheiben Roastbeefaufschnitt

1 Die Salatblätter waschen und trocken schütteln. Die Cornichons in einem Sieb abtropfen lassen und längs in dünne Scheiben schneiden. Die Salatmayonnaise mit Frischkäse und Meerrettich verrühren. Die Kresse waschen, trocken schütteln, die Hälfte abschneiden und unterrühren, die Mischung mit Salz und Pfeffer würzen.

2 Die Brotscheiben jeweils mit der Hälfte der Mayonnaisemischung bestreichen. Cornichons darauf verteilen. Die Brote mit je 1 Salatblatt und 2 Scheiben Roastbeef belegen. Mit der übrigen Mayonnaisemischung bestreichen. Die restliche Kresse abschneiden und darüberstreuen.

Für 2 Personen • 20 Min. Zubereitung •
Pro Portion ca. 565 kcal, 32 g E, 27 g F, 43 g KH

THUNFISCH-KAPERN-SANDWICH

AUS ITALIEN

2 Eier • 1 Dose Thunfisch (im eigenen Saft, ca. 140 g Abtropfgewicht) • 1 EL Kapern • 2 EL Joghurt • 2 EL Mayonnaise • 2 EL TK-Schnittlauch (gehackt) • Salz, Pfeffer • 2 Tomaten • 2 Blätter Salat (z. B. Eisberg- oder Römersalat) • 4 Scheiben Sandwich-Toastbrot

1 Eier in ca. 10 Min. hart kochen und in kaltem Wasser abkühlen lassen. Thunfisch und Kapern abtropfen lassen und mit Joghurt, Mayonnaise und Schnittlauch glatt rühren, salzen und pfeffern. Tomaten waschen und putzen, mit den Eiern in Scheiben schneiden. Salatblätter waschen, trocken tupfen und in Streifen schneiden.

2 Die Toastbrote toasten und 2 Scheiben mit der Hälfte der Thunfischcreme bestreichen. Mit Salat, Tomaten und Ei belegen. Übrige Creme darauf verteilen, je 1 Toastscheibe darauflegen, andrücken. Sandwiches diagonal halbieren.

Für 2 Personen • 15 Min. Zubereitung •
Pro Portion ca. 705 kcal, 34 g E, 40 g F, 48 g KH

AUBERGINEN-SANDWICH

AROMATISCH

1 Handvoll Rucola (ca. 20 g) • 60 g getrocknete Tomaten (in Öl) • 1 Aubergine (ca. 200 g) • Salz, Pfeffer • 2 EL Olivenöl • 2 Scheiben Halloumi (ca. 200 g) • 4 Scheiben Vollkorn-Sandwichtoastbrot

1 Rucola waschen, trocken schütteln und grobe Stiele entfernen. Tomaten abtropfen lassen, dabei 2 EL Öl auffangen. Tomaten in Streifen schneiden. Die Aubergine putzen, waschen, quer in ca. 1 cm dicke Scheiben schneiden, salzen und pfeffern. Auberginenscheiben in einer Pfanne mit 1 EL Öl goldbraun braten und auf Küchenpapier entfetten. Halloumi im übrigen Öl (1 EL) goldbraun braten.

2 Toastbrote toasten und mit dem Tomatenöl bestreichen. 2 Scheiben mit Rucola, Tomaten, Halloumi und Aubergine belegen. Je 1 Scheibe darauflegen, leicht andrücken und beide Sandwiches diagonal halbieren.

Für 2 Personen • 20 Min. Zubereitung • Pro Portion ca. 700 kcal, 23 g E, 47 g F, 45 g KH

SÜSSKARTOFFEL-TOASTS MIT AVOCADO-HUMMUS

EINFACH

250 g Süßkartoffeln
1 Dose Kichererbsen (240 g Abtropfgewicht)
1 Knoblauchzehe
1 reife Avocado
2 EL Olivenöl
Chiliflocken
Salz, Pfeffer
3 EL Limettensaft
4 Eier
¼ Bund Schnittlauch

GU CLOU

Richtig gelesen: In diesem Rezept wird die Süßkartoffel tatsächlich im Toaster gegart – einfacher geht's nicht! Belegen Sie die Veggie-Toasts auch mal mit Frischkäse, Tomaten und Basilikum, mit Gemüseaufstrich oder als süße Variante mit Sahnequark und frischem Obst.

1 Für die Toasts die Süßkartoffeln gründlich waschen und trocken tupfen. Dann mit Schale längs in ca. 1 cm dicke Scheiben schneiden und dreimal auf höchster Stufe toasten, bis die Scheiben schön weich und leicht gebräunt sind.

2 Inzwischen für den Hummus die Kichererbsen in ein Sieb abgießen, kalt abbrausen und abtropfen lassen. Den Knoblauch schälen und grob hacken. Die Avocado halbieren und den Kern entfernen. Das Fruchtfleisch mit einem Löffel aus der Schale lösen und in grobe Stücke schneiden.

3 Die Avocado in einen hohen Rührbecher geben. 1 EL Olivenöl, Kichererbsen, Knoblauch und Chiliflocken hinzufügen und alle Zutaten mit einem Pürierstab fein mixen, mit Salz, Pfeffer und Limettensaft abschmecken.

4 Das übrige Öl (1 EL) in einer Pfanne erhitzen. Die Eier aufschlagen und darin zugedeckt zu Spiegeleiern braten. Den Schnittlauch waschen, trocken schütteln und in Röllchen schneiden. Die getoasteten Süßkartoffelscheiben dick mit dem Avocado-Hummus bestreichen. Die Spiegeleier salzen und daraufgeben, mit den Schnittlauchröllchen bestreuen.

Für 4 Personen • 20 Min. Zubereitung • Pro Portion ca. 460 kcal, 17 g E, 25 g F, 40 g KH

BRUSCHETTA MIT TOMATEN

SOMMER-SNACK ALL'ITALIA

250 g Vollkornbaguette
5 EL Olivenöl
600 g bunte Kirschtomaten (rot, gelb, orange)
1 TL zerstoßene Fenchelsamen
1 EL flüssiger Honig
2–3 EL weißer Aceto balsamico
Salz, Pfeffer
150 g Mini-Büffelmozzarellakugeln
6 Stängel Basilikum
1 Knoblauchzehe

1 Backofen auf 200° vorheizen. Baguette in 12 Scheiben von ca. 1 ½ cm Dicke schneiden und auf einem Backblech verteilen. Mit 4 EL Öl beträufeln und im Ofen (Mitte) in 5–8 Min. rösten.

2 Inzwischen Tomaten waschen und halbieren. In einer Pfanne das übrige Öl (1 EL) erhitzen und die Fenchelsamen darin anrösten. Zwei Drittel der Tomaten, Honig und Essig dazugeben und bei kleiner Hitze 3–4 Min. köcheln lassen. Salzen, pfeffern und in eine Schüssel geben. Mozzarella abtropfen lassen und halbieren. Basilikum abbrausen und trocken schütteln, die Blätter abzupfen und bis auf ein paar grob zerpflücken. Mozzarella, übrige Tomaten und Basilikum unter die geschmorten Tomaten heben. Salzen und pfeffern.

3 Knoblauch schälen und über die Brotscheiben reiben. Das Tomaten-Mozzarella-Kompott auf den Broten verteilen und mit Basilikum garnieren.

Für 4 Personen • 30 Min. Zubereitung • Pro Portion ca. 415 kcal, 8 g E, 29 g F, 31 g KH

MÖHRENBÄLLCHEN MIT DIP

VOM ORIENT INSPIRIERT

200 g Bundmöhren
2 EL Vollkorn-Weizenmehl
1 Ei
1 Eigelb
100 g Vollkorn-Semmelbrösel
1 TL Harissa (scharfe Würzpaste)
Salz, Pfeffer
300 g TK-Blattspinat (aufgetaut)
250 g Sahnejoghurt
1 EL Tahin (Sesampaste)
250 ml Olivenöl

1 Die Möhren putzen, unter fließendem kaltem Wasser abbürsten oder dünn schälen. Dann fein in eine Schüssel raspeln. Mehl, Ei, Eigelb und Semmelbrösel hinzufügen, alles mit Harissa, Salz und Pfeffer kräftig würzen und zu einer formbaren Masse verarbeiten.

2 Den Spinat gut ausdrücken und hacken. Joghurt, Tahin, Salz und Pfeffer verrühren und den Spinat untermischen.

3 Das Öl in einer mittelgroßen Pfanne erhitzen. Aus der Masse mit angefeuchteten Händen etwa 16 walnussgroße Bällchen formen und im heißen Öl bei mittlerer bis großer Hitze rundherum in 4–5 Min. goldbraun braten.

4 Die Möhrenbällchen auf Küchenpapier entfetten. Auf Teller verteilen und mit dem Spinatdip servieren. Zum Mitnehmen Bällchen und Dip getrennt verpacken.

Für 2 Personen • 25 Min. Zubereitung • Pro Portion ca. 585 kcal, 31 g E, 48 g F, 7 g KH

SPARGEL-SCHINKEN-OMELETT

SAFTIG UND WÜRZIG

300 g grüner Spargel
1 rote Zwiebel
2 EL Olivenöl
80 g rohe Schinkenwürfel (aus dem Kühlregal)
Salz, Pfeffer
4 Eier (L)
6 EL Sahne
2 EL geriebener italienischer Hartkäse (z. B. Pecorino oder Parmesan)
4 getrocknete Tomaten (in Öl)
2 Stängel Basilikum

TIPP
Das Omelett lässt sich auch sehr gut für 1 Person zubereiten. Einfach alle Mengen halbieren und die Zutaten in einer Pfanne mit 16 cm ∅ zubereiten. Die Eier dann in ca. 8 Min. stocken lassen.

1 Den Spargel waschen, im unteren Drittel schälen und die Enden abschneiden. Die Stangen schräg in ca. ½ cm dünne Scheiben schneiden. Die Zwiebel schälen, halbieren und in feine Spalten schneiden.

2 Das Öl in einer beschichteten Pfanne (30 cm ∅) erhitzen. Spargel und Zwiebel darin bei mittlerer bis großer Hitze unter Wenden ca. 3 Min. anbraten. Die Schinkenwürfel dazugeben und kurz mitbraten. Mit Salz und Pfeffer würzen.

3 Inzwischen die Eier mit der Sahne und dem Käse verquirlen, über dem Spargel in der Pfanne verteilen und zugedeckt bei kleiner Hitze in ca. 10 Min. stocken lassen.

4 Die getrockneten Tomaten abtropfen lassen und in feine Streifen schneiden. Das Basilikum waschen, trocken schütteln und die Blätter abzupfen. Das Omelett halbieren und auf Tellern anrichten, mit Tomatenstreifen und Basilikumblättern bestreuen und sofort servieren. Dazu schmeckt ein Tomaten-Rucola-Salat.

Für 2 Personen • 20 Min. Zubereitung • Pro Portion ca. 350 kcal, 14 g E, 16 g F, 36 g KH

MITTELMEER-WRAP MIT FETA

AUCH ZUM MITNEHMEN

2 große Tortillas (Weizenfladen; 25 cm ∅)
200 g Krautsalat (aus dem Kühlregal)
2 Blätter Eisbergsalat
100 g Kirschtomaten
6 grüne Oliven (entsteint)
100 g Feta-Snackwürfel (z. B. mit Paprika; aus dem Kühlregal)
1 TL getrockneter Oregano
Salz, Pfeffer

1 Die Tortillafladen im Ofen bei 80° oder in einer Pfanne ohne Fett nach Packungsanweisung erwärmen, damit sie sich besser rollen lassen.

2 Den Krautsalat in einem Sieb abtropfen lassen und leicht ausdrücken. Die Salatblätter waschen, trocken schütteln und grob zerteilen. Tomaten waschen und halbieren, die Oliven in Scheiben schneiden.

3 Die Tortillas mit dem Salat belegen, dabei am Rand ca. 2 cm frei lassen. Den Krautsalat auf den Salatblättern verteilen. Mit Tomaten, Oliven und Fetawürfeln belegen. Mit dem Oregano bestreuen und mit Salz sowie Pfeffer würzen. Die Wraps fest zusammenrollen und vor dem Genuss quer halbieren. Für unterwegs in eine gut schließende Brotzeitdose packen.

Für 2 Personen • 15 Min. Zubereitung • Pro Portion ca. 285 kcal, 20 g E, 13 g F, 21 g KH

BRESAOLA-TRAMEZZINI

ITALO-SNACK

2 orangefarbene Snack-Paprika
1 große Handvoll Rucola (ca. 20 g)
60 g cremiger Gorgonzola
2 EL Ricotta
Pfeffer
4 Scheiben Vollkorn-Sandwichtoast
Salz
60 g Bresaola in Scheiben (luftgetrockneter Rinderschinken; ersatzweise Parmaschinken)

1 Die Snack-Paprika putzen, waschen und quer in dünne Ringe schneiden, dabei die Kerne entfernen, falls vorhanden. Rucola waschen, gut trocken schütteln und verlesen. Gorgonzola und Ricotta in einer kleinen Schüssel cremig rühren und mit Pfeffer würzen.

2 Die Toastscheiben gleichmäßig mit der Gorgonzolacreme bestreichen. 2 Brotscheiben mit dem Rucola und den Paprikaringen belegen, mit wenig Salz und Pfeffer würzen. Den Bresaola darauf verteilen. Mit je 1 Brotscheibe bedecken und diese leicht andrücken.

3 Die Brote diagonal halbieren, sodass je 2 Dreiecke entstehen. Die Tramezzini gleich genießen oder für die Mittagspause mitnehmen. Dann in Frischhaltefolie wickeln und in eine Brotzeitdose packen.

SALATE

Wenig Zeit, aber Riesenlust auf knackigen Salat? Auch dann geht da viel mehr als nur eine Schüssel Grünzeug! Wie wär's denn mal mit würzigem Kichererbsensalat, erfrischendem Melonen-Feta-Salat, einer üppigen Salat-Bowl mit Quinoa oder einem herzhaften Bulgur-Linsen-Salat? Der Vielfalt sind keine Grenzen gesetzt!

Für 2 Personen • 25 Min. Zubereitung • Pro Portion ca. 725 kcal, 19 g E, 42 g F, 63 g KH

SALAT-BOWL MIT QUINOA UND ROTER BETE

EINFACH

100 g bunte Quinoa
Salz
150 g vorgegarte Rote Bete (vakuumverpackt)
3 EL Weißweinessig
30 g Walnusskerne
100 g Feldsalat
3 EL Olivenöl
2 EL flüssiger Honig
1 TL süßer Senf
Pfeffer
1 Apfel
100 g Ziegenfrischkäse (Rolle)

GUT ZU WISSEN
Um die Bitterstoffe aus der Schale zu entfernen, muss Quinoa vor dem Garen gründlich mit kaltem Wasser abgebraust werden, bis das Wasser nicht mehr schäumt.

1 Die Quinoa in ein feines Sieb geben, gründlich mit Wasser abbrausen und abtropfen lassen. 200 ml Wasser mit ½ TL Salz in einem Topf aufkochen, Quinoa hineingeben und bei mittlerer Hitze nach Packungsanweisung ca. 15 Min. zugedeckt garen, bis sie das Wasser ganz aufgesogen hat. Den Topf vom Herd nehmen und beiseitestellen.

2 Inzwischen die Rote Bete in ca. 2 cm große Würfel schneiden. In einer Schüssel mit 2 EL Essig mischen und beiseitestellen. Die Walnusskerne grob hacken und in einer Pfanne ohne Fett kurz rösten, wieder herausnehmen. Den Feldsalat verlesen, putzen, waschen und trocken schleudern.

3 Für das Dressing das Olivenöl mit dem übrigen Essig (1 EL), 1 EL Honig und dem Senf verrühren, mit Salz und Pfeffer abschmecken. Den Apfel waschen, vierteln und entkernen. Die Apfelviertel in ca. ½ cm schmale Spalten schneiden und nach Belieben klein würfeln.

4 Die Quinoa im Topf mit einer Gabel auflockern und kurz ausdampfen lassen. Mit der Roten Bete, den Apfelscheiben und dem Feldsalat nebeneinander in zwei Bowls anrichten. Das Dressing darüberträufeln. Den Ziegenfrischkäse in Scheiben schneiden und mit den gerösteten Walnusskernen auf die Bowls geben. Mit dem übrigen Honig (1 EL) beträufeln.

Für 2 Personen • 20 Min. Zubereitung • Pro Portion ca. 425 kcal, 8 g E, 11 g F, 70 g KH

THAI-SALAT MIT MANGO

ASIATISCH

100 g Reisbandnudeln
1 Salatgurke
2 Frühlingszwiebeln
1 kleine reife Mango
1 Stück Ingwer (ca. 2 cm)
1 Bund Koriandergrün
2 EL Sesamöl
2 EL Sojasauce
1 EL flüssiger Honig
1 TL Chiliflocken
Salz, Pfeffer

1 Die Reisbandnudeln nach Packungsanweisung garen. Dann in ein Sieb abgießen, kalt abbrausen, gut abtropfen lassen und in ca. 5 cm lange Stücke schneiden. In eine Schüssel geben.

2 Inzwischen die Salatgurke schälen und quer halbieren. Mit einem Spiralschneider oder Sparschäler in dünne, breite Streifen schneiden. Die Frühlingszwiebeln putzen, waschen und mitsamt Grün in feine Ringe schneiden. Die Mango schälen, das Fruchtfleisch in dünnen Scheiben vom Stein schneiden, die Scheiben ca. 1 cm groß würfeln. Den Ingwer schälen und fein hacken. Das Koriandergrün waschen und trocken schütteln, die Blätter abzupfen und grob hacken. Gurke, Frühlingszwiebeln, Mango, Ingwer und Koriandergrün mit den Nudeln mischen.

3 Sesamöl, Sojasauce, Honig und Chiliflocken verrühren und mit dem Salat vermengen. Mit Salz und Pfeffer abschmecken.

Für 2 Personen • 20 Min. Zubereitung • Pro Portion ca. 810 kcal, 25 g E, 40 g F, 83 g KH

GNOCCHI-SALAT

AUS ITALIEN

2 Frühlingszwiebeln
1 kleines Bund Rucola (ca. 50 g)
40 g Parmesan
4 Sardellenfilets (in Öl)
70 g getrocknete Tomaten (in Öl)
5 EL Olivenöl
400 g Gnocchi (aus dem Kühlregal)
2 EL Aceto balsamico bianco
1 TL getrocknete italienische Kräuter
Salz, Pfeffer
20 g Pinienkerne

1 Die Frühlingszwiebeln putzen, waschen und mitsamt Grün in feine Ringe schneiden. Den Rucola waschen, trocken schütteln und die groben Stiele entfernen. Den Parmesan fein reiben, die Sardellenfilets abtropfen lassen und klein hacken. Die getrockneten Tomaten in einem Sieb abtropfen lassen und in feine Streifen schneiden.

2 In einer Pfanne 1 EL Öl erhitzen und die Gnocchi darin bei mittlerer Hitze in ca. 2 Min. goldgelb braten. In einer Schüssel mit Tomaten, Frühlingszwiebeln, Rucola und Sardellen mischen. Das übrige Öl (4 EL) mit dem Essig und den italienischen Kräutern verrühren, dann salzen und pfeffern. Das Dressing unter den Salat mengen.

3 Die Pinienkerne in einer Pfanne ohne Fett hellbraun rösten und mit dem geriebenen Parmesan über den Gnocchi-Salat streuen.

Für 4 Personen • 30 Min. Zubereitung • Pro Portion ca. 340 kcal, 18 g E, 26 g F, 8 g KH

PAK CHOI MIT AVOCADO UND GARNELEN

MIT DEZENTER SCHÄRFE

1 Bund Koriandergrün
2 EL Erdnussmus (aus dem Glas)
4 EL Reisessig (ersatzweise Apfelessig)
2 EL Sojasauce
1 TL Sambal oelek
Salz
2 TL Vollrohrzucker
4 EL Erdnussöl
1 rote Zwiebel
300 g Baby-Pak-Choi (siehe Tipp)
250 g Bio-Salatgurke
1 reife Avocado
250 g geschälte rohe Garnelen
1 Knoblauchzehe

TIPP

Pak Choi ist ein Blattgemüse aus China mit einem leicht senfigen Geschmack. Sind die kleinen Kohlköpfe im Gemüseladen gerade nicht zu bekommen? Dann nehmen Sie als Ersatz Chinakohl.

1 Das Koriandergrün abbrausen und trocken schütteln, die Blätter abzupfen und die Hälfte beiseitelegen. Übriges Koriandergrün mit Erdnussmus, Essig, Sojasauce, Sambal oelek, etwas Salz und dem Zucker in einen hohen Rührbecher geben und mit dem Pürierstab glatt mixen, dabei 3 EL Öl dazulaufen lassen.

2 Die Zwiebel schälen, halbieren und in dünne Spalten schneiden. Den Pak Choi waschen, abtropfen lassen und den harten Strunk abschneiden. Die Stiele in feine Streifen, die Blätter in ca. 2 cm breite Stücke schneiden. Die Gurke waschen, abtrocknen, längs halbieren und entkernen. Die Hälften in ½ cm dünne Scheiben schneiden. Die Avocado halbieren, den Kern entfernen, das Fruchtfleisch aus der Schale heben und quer in Scheiben schneiden. Diese Zutaten und die übrigen Korianderblätter vorsichtig mit dem Dressing mischen und auf vier Teller verteilen.

3 Die Garnelen kalt abspülen und gut trocken tupfen. Das übrige Öl (1 EL) in einer Pfanne erhitzen und die Garnelen darin auf beiden Seiten 2–3 Min. anbraten. Den Knoblauch schälen, fein würfeln und kurz mitbraten. Die Knoblauch-Garnelen auf dem Salat anrichten und sofort servieren. Dazu schmeckt Vollkornbaguette.

Für 4 Personen • 30 Min. Zubereitung • Pro Portion ca. 290 kcal, 7 g E, 24 g F, 11 g KH

ZUCCHININUDEL-SALAT

ROHKOST ALL'ITALIANA

4 EL Zitronensaft
Salz, Pfeffer
2 EL Agavendicksaft
4 EL Olivenöl
2 EL Walnussöl
2 EL Pinienkerne
2 Zucchini (ca. 300 g)
2 große Tomaten (z. B. Ochsenherztomaten)
1 kleine gelbe Paprika
2 Frühlingszwiebeln
50 g schwarze Oliven (entsteint)
50 g Rucola
40 g Parmesan (ersatzweise Grana padano)

1 Für die Vinaigrette Zitronensaft mit Salz, Pfeffer, Agavendicksaft und Oliven- sowie Walnussöl gründlich verrühren. Die Pinienkerne in einer Pfanne ohne Fett bei mittlerer Hitze unter Wenden goldbraun rösten, sofort herausnehmen und auf einem Teller abkühlen lassen.

2 Alle Gemüse putzen und waschen. Die Zucchini mit dem Spiralschneider zu langen Nudeln verarbeiten oder mit dem Sparschäler in dünne Streifen schneiden. Die Tomaten in 1–2 cm große Würfel schneiden. Die Paprika vierteln, Trennwände und Kerne entfernen und die Viertel in feine Streifen schneiden. Die weißen und hellgrünen Teile der Frühlingszwiebeln in feine Ringe schneiden. Die Oliven abtropfen lassen und grob hacken. Rucola waschen, trocken schütteln, harte Stiele entfernen und die Blätter grob hacken.

3 Gemüse, Oliven, Rucola und Vinaigrette mischen. Parmesan in Späne hobeln und mit den Pinienkernen auf den Salat streuen.

Für 4 Personen • 30 Min. Zubereitung • Pro Portion ca. 405 kcal, 8 g E, 36 g F, 11 g KH

KOHLRABI-COLESLAW

KLASSIKER GANZ NEU

4 EL Zitronensaft
1 Ei
100 ml Traubenkernöl
100 g Joghurt
1 EL geriebener Meerrettich (aus dem Glas)
Salz, Pfeffer
50 g Walnusskerne
2 Kohlrabi (ca. 700 g)
250 g Möhren
1 kleine rote Zwiebel
1 Bund Schnittlauch

1 Für die Mayonnaise 2 EL Zitronensaft und das Ei in eine hohe Rührschüssel geben. Einen Pürierstab auf den Boden des Gefäßes setzen und das Öl während des Mixens dazugeben, dabei den Stab langsam hochziehen. Auf diese Weise eine cremige Mayonnaise herstellen. Joghurt und Meerrettich unterrühren, die Mayonnaise mit Salz und Pfeffer würzen. Die Walnüsse in einer Pfanne ohne Fett rösten, bis sie duften, herausnehmen und grob hacken.

2 Kohlrabi und Möhren putzen, schälen und in sehr feine Streifen hobeln oder grob raspeln. Zwiebel schälen und fein würfeln. Schnittlauch waschen, trocken schütteln und in feine Röllchen schneiden.

3 Kohlrabi, Möhren, Zwiebel und Schnittlauch mit der Mayonnaise gut vermengen. Mit dem übrigen Zitronensaft (2 EL), Salz und Pfeffer abschmecken. Den Salat auf Teller verteilen und mit den gehackten Nüssen bestreuen.

Für 4 Personen • 30 Min. Zubereitung • Pro Portion ca. 365 kcal, 12 g E, 14 g F, 43 g KH

BULGUR-LINSEN-SALAT MIT BLUMENKOHL

SCHMECKT NACH SOMMER

300 ml Gemüsebrühe
150 g Bulgur
1 TL Korianderkörner
½ Blumenkohl (350 g)
5 EL Olivenöl
Salz
3 Frühlingszwiebeln
250 g Kirschtomaten
½ Bund Petersilie
1 Dose braune Linsen (265 g Abtropfgewicht)
4 EL Limettensaft
1 ½ EL Agavendicksaft
Pfeffer
1 TL Pul biber (scharfe Paprikaflocken)

1 Die Gemüsebrühe in einem Topf aufkochen, den Bulgur dazugeben und zugedeckt bei mittlerer Hitze 8–10 Min. köcheln lassen. Die Korianderkörner im Mörser zerstoßen oder in einer Gewürzmühle mahlen, unterrühren und den Bulgur im offenen Topf ausdampfen lassen.

2 Inzwischen den Blumenkohl putzen, waschen und in kleine Röschen teilen. 4 EL Öl in einer Pfanne erhitzen und den Blumenkohl darin bei mittlerer Hitze unter gelegentlichem Wenden in ca. 5 Min. goldbraun rösten. Salzen und die Pfanne vom Herd nehmen.

3 Die Frühlingszwiebeln putzen, waschen, weiße und hellgrüne Teile schräg in Ringe schneiden. Die Kirschtomaten waschen und halbieren. Die Petersilie waschen und trocken schütteln, die Blätter abzupfen und hacken. Die Linsen in ein Sieb abgießen, abbrausen und abtropfen lassen.

4 Für das Dressing Limettensaft, 5 EL Wasser, Agavendicksaft, Salz und Pfeffer in einer Schüssel gut verrühren. Das übrige Olivenöl (1 EL) unterschlagen. Bulgur, Blumenkohl, Frühlingszwiebeln, Tomaten, Linsen und Petersilie dazugeben und in dem Dressing wenden. Den Salat mit Salz, Pfeffer und Pul biber bestreuen und servieren.

TIPP
Der Bulgur-Linsen-Salat schmeckt warm und kalt. Kalt ist er auch super zum Mitnehmen geeignet – für ein Gartenfest, ein Picknick oder ins Büro.

Für 2 Personen • 20 Min. Zubereitung • Pro Portion ca. 335 kcal, 8 g E, 31 g F, 7 g KH Salz

BLUMENKOHL-AVOCADO-SALAT

EINFACH

Salz
½ Blumenkohl (400 g)
1 Frühlingszwiebel
1 Avocado
10 Stängel Dill
10 Stängel Petersilie
100 g Schmand
1 TL mittelscharfer Senf

1 Einen Topf mit Salzwasser erhitzen. Den Blumenkohl putzen, waschen und in kleine Röschen teilen. Die Blumenkohlröschen je nach Größe halbieren oder vierteln, in Wasser geben und bei mittlerer Hitze offen in 8–10 Min. bissfest köcheln.

2 Inzwischen die Frühlingszwiebel putzen, waschen und in feine Ringe schneiden. Die Avocado halbieren und den Kern entfernen. Das Fruchtfleisch aus der Schale lösen und in ca. 1 cm große Würfel schneiden. Dill und Petersilie abbrausen und trocken schütteln, die Spitzen bzw. Blätter abzupfen und fein hacken. Den Schmand mit Senf und ½ TL Salz in einer großen Schüssel glatt rühren. Die gehackten Kräuter und die Frühlingszwiebel unterheben.

3 Den Blumenkohl in ein Sieb abgießen, kalt abschrecken und abtropfen lassen. Mit den Avocadowürfeln zum Dressing geben und alles vorsichtig vermengen.

Für 2 Personen • 25 Min. Zubereitung • Pro Portion ca. 350 kcal, 12 g E, 27 g F, 13 g KH

BOHNENSALAT MIT RADICCHIO

MEDITERRAN

2 Eier
4 EL Olivenöl
250 g TK-grüne-Bohnen
8 Stängel Bohnenkraut (ersatzweise Thymian)
100 g Radicchio
200 g Kirschtomaten
1 Bio-Zitrone
Salz, Pfeffer
1 TL Agavendicksaft

1 Die Eier in einen Topf mit Wasser geben und in 10 Min. hart kochen. Inzwischen 1 EL Öl in einer Pfanne erhitzen und die Bohnen darin 5 Min. rundherum anbraten. Die Eier abgießen und abschrecken.

2 Bohnenkraut waschen und trocken schütteln, die Blätter abzupfen und hacken. Radicchio waschen, trocken schleudern und in Streifen schneiden. Tomaten waschen, trocken tupfen und halbieren. Die Zitrone heiß waschen, trocknen und ebenfalls halbieren. Von einer Hälfte die Schale abreiben, beide Hälften auspressen.

3 Die Bohnen mit Salz, Pfeffer, Bohnenkraut und Zitronenschale würzen. Zitronensaft mit dem restlichen Öl (3 EL) und dem Agavendicksaft zu einem Dressing verrühren. Mit Salz und Pfeffer abschmecken. Die Eier pellen und vierteln. Radicchio, Bohnen und Tomaten auf Teller verteilen und mit je der Hälfte des Dressings vermengen. Die Eierviertel daraufsetzen.

Für 2 Personen • 25 Min. Zubereitung • Pro Portion ca. 620 kcal, 31 g E, 45 g F, 21 g KH

WÜRZIGER KICHERERBSENSALAT MIT CHICKEN WINGS

TÜRKISCH INSPIRIERT

4 EL Zitronensaft
Salz
½ TL gemahlener Kreuzkümmel
½ TL Pul biber (scharfe Paprikaflocken; ersatzweise Chiliflocken)
5 EL Olivenöl
240 g Kichererbsen (aus der Dose)
6 kleine Strauchtomaten (ca. 160 g)
2 Minigurken
1 rote Zwiebel
6 Stängel Petersilie
6 gebratene Chicken Wings (Hähnchenflügel; ca. 300 g vom Imbissstand oder von der Fleischtheke)

TIPP
Der Salat schmeckt auch fein mit geräuchertem Makrelenfilet anstelle der Chicken Wings. Vegetarier bestreuen die bunte Mischung mit 50 g grob zerkrümeltem Schafskäse. Veganer kombinieren mit Räucher- oder Tomatentofu.

1 Für das Dressing in einer Schüssel den Zitronensaft, 2 EL Wasser, Salz, Kreuzkümmel und Pul biber verrühren. Das Olivenöl mit dem Schneebesen gründlich unterschlagen.

2 Die Kichererbsen in einem Sieb abbrausen und abtropfen lassen. Die Tomaten waschen und ohne die Stielansätze sechsteln. Die Minigurken putzen, waschen, abtrocknen, längs halbieren und in ca. ½ cm dicke Stücke schneiden. Die Zwiebel schälen und in dünne Spalten schneiden.

3 Kichererbsen, Tomaten, Gurken und Zwiebeln mit dem Dressing mischen. Die Petersilie abbrausen und trocken schütteln, die Blätter abzupfen, grob hacken und unterheben. Mit Salz und Pul biber abschmecken.

4 Den Salat auf Schüsseln oder Teller verteilen und mit je 3 Chicken Wings anrichten. Dazu schmeckt Vollkornbaguette oder Sesam-Fladenbrot.

Für 2 Personen • 20 Min. Zubereitung • Pro Portion ca. 365 kcal, 8 g E, 28 g F, 17 g KH

SPINAT-APRIKOSEN-SALAT

FRUCHTIG UND WÜRZIG

140 g Baby-Blattspinat
6 kleine Aprikosen (ersatzweise getrocknete Soft-Aprikosen)
3 EL Olivenöl
8 Scheiben Frühstücksspeck (aus dem Kühlregal)
1 große Schalotte
1 große Knoblauchzehe
4 EL weißer Aceto balsamico
Salz, Pfeffer
4 TL Pinienkerne

1 Den Spinat vorsichtig waschen, verlesen und in einem Sieb gut abtropfen lassen. Die Aprikosen waschen, halbieren, den Stein entfernen und die Hälften in feine Spalten schneiden. Den Spinat auf zwei Schüsseln oder Tellern anrichten und die Aprikosenspalten darauf verteilen.

2 In einer Pfanne 2 EL Olivenöl erhitzen. Den Speck in breite Stücke schneiden und im heißen Öl bei mittlerer Hitze pro Seite in 2–3 Min. goldbraun braten. Inzwischen Schalotten und Knoblauch schälen und fein würfeln. Den Speck aus der Pfanne nehmen, Schalotte und Knoblauch im Speckfett 1–2 Min. braten.

3 Die Pfanne vom Herd nehmen und die Schalottenmischung mit dem Essig ablöschen. Das übrige Öl (1 EL) unterrühren. Das Dressing mit Salz und Pfeffer abschmecken und über den Spinat-Aprikosen-Salat träufeln. Mit Pinienkernen und Speck bestreuen.

Für 2 Personen • 20 Min. Zubereitung • Pro Portion ca. 590 kcal, 3 g E, 46 g F, 12 g KH

RÖMER-CAESAR-SALAT MIT LACHS

KLASSIKER AUF NEUE ART

2 Mini-Römersalate
150 g Räucherlachs (in Scheiben)
2 Scheiben Toastbrot
4 TL Öl
Salz, Pfeffer
40 g Parmesan am Stück
3 EL Salatmayonnaise
2 EL Joghurt
1 EL Zitronensaft
2 TL geriebener Meerrettich (aus dem Glas)

1 Die Römersalate waschen, jeweils längs vierteln oder achteln, den Strunk etwas abschneiden, aber nicht ganz entfernen, sodass die Viertel bzw. Achtel noch zusammenhängen. Den Räucherlachs nach Belieben in ca. 2 cm breite Streifen schneiden.

2 Das Toastbrot in ca. 2 cm große Würfel schneiden. Das Öl in einer Pfanne erhitzen und die Brotwürfel darin bei mittlerer Hitze in 3–4 Min. goldbraun braten. Mit Salz und Pfeffer würzen, beiseitestellen.

3 Für das Dressing 10 g Parmesan reiben, die Mayonnaise mit dem Joghurt, 2–3 EL Wasser, Zitronensaft, Meerrettich und geriebenem Parmesan verrühren, mit Salz und Pfeffer abschmecken. Römersalat und Lachs auf Tellern anrichten, Sauce und Brotwürfel darüber verteilen. Den übrigen Parmesan (30 g) mit dem Sparschäler in Streifen hobeln und auf den Salat streuen.

Für 2 Personen • 15 Min. Zubereitung • Pro Portion ca. 400 kcal, 18 g E, 27 g F, 20 g KH

ROTE-BETE-CARPACCIO MIT BASILIKUMÖL

ITALIENISCH

FÜR DAS CARPACCIO

20 g Pinienkerne
250 g vorgegarte Rote Bete (vakuumverpackt)
1 Frühlingszwiebel
100 g Parmaschinken

FÜR DAS BASILIKUMÖL

8 Stängel Basilikum
2 ½ EL Olivenöl
1 ½ EL Zitronensaft

VORRATS-TIPP

Am besten gleich die doppelte oder dreifache Menge vom Öl machen! In ein sterilisiertes Schraubglas gefüllt, hält es sich im Kühlschrank 1–2 Wochen. Neben diesem Carpaccio würzt es Gemüsenudeln, Hähnchen und Salate.

CARPACCIO: Die Pinienkerne in einer Pfanne ohne Fett bei mittlerer Hitze in 4–5 Min. unter gelegentlichem Rühren goldbraun rösten. Herausnehmen und beiseitestellen.

Inzwischen die Rote Bete abtropfen lassen und auf dem Gemüsehobel oder mit einem scharfen Messer in feine Scheiben hobeln. Dann die Scheiben auf zwei Tellern leicht überlappend kreisförmig verteilen, sodass sie fast den gesamten Teller bedecken.

Die Frühlingszwiebel putzen, waschen und schräg in feine Ringe schneiden. Den Parmaschinken grob zerzupfen und nach Belieben zu Röschen zusammenlegen. Den Schinken auf der Roten Bete verteilen und das Carpaccio mit Frühlingszwiebelringen und Pinienkernen bestreuen.

BASILIKUMÖL: Das Basilikum waschen, trocken schütteln und die Blätter abzupfen. Basilikum, Öl und Zitronensaft in einem hohen Rührbecher mit dem Pürierstab glatt mixen. Das Basilikumöl über das Carpaccio träufeln.

Für 2 Personen • 15 Min. Zubereitung • Pro Portion ca. 475 kcal, 20 g E, 38 g F, 14 g KH

MELONEN-FETA-SALAT

SOMMER-REZEPT

1 Zucchino (ca. 200 g)
2 EL Olivenöl
2 EL Weißweinessig
Pfeffer
1 kleine rote Zwiebel
200 g Wassermelone (ohne Kerne)
50 g schwarze Oliven (entsteint)
200 g Schafskäse (Feta)

1 Den Zucchino putzen, waschen und mit einem Sparschäler längs in breite Streifen schneiden. Alternativ mit einem scharfen Messer in sehr dünne Streifen schneiden. Öl, Essig und Pfeffer in eine große Schüssel geben und mit dem Schneebesen verquirlen. Die Zucchinistreifen hinzufügen und mit den Händen vorsichtig mit der Marinade mischen.

2 Die Zwiebel schälen, längs halbieren und in feine Streifen schneiden. Die Wassermelone schälen und in Würfel schneiden. Die Oliven halbieren und den Feta zerbröseln.

3 Zwiebelstreifen, Melonenwürfel und Olivenhälften vorsichtig mit den Zucchinistreifen vermengen und alles mit dem Feta bestreuen. Den Salat auf Teller oder Schüsseln verteilen und servieren.

Für 2 Personen • 15 Min. Zubereitung • Pro Portion ca. 515 kcal, 12 g E, 52 g F, 2 g KH

AVOCADO MIT THUNFISCH

SCHNELL

2 Avocados
2 Stängel Petersilie
80 g Thunfischfilet im eigenen Saft (aus der Dose)
20 g Kapern (aus dem Glas)
50 g Crème fraîche
Pfeffer

1 Die Avocados halbieren und entkernen. Das Fruchtfleisch mit einem Esslöffel im Ganzen aus der Schale lösen. Die Petersilie abbrausen und trocken schütteln, die Blätter abzupfen und hacken.

2 Den Thunfisch in ein Sieb geben und gut abtropfen lassen. Anschließend in eine Schüssel füllen und mithilfe von zwei Gabeln fein zerzupfen. Die Kapern ebenfalls in einem Sieb abtropfen lassen, dann (bis auf einen kleinen Rest) grob hacken und zum Thunfisch geben. Die Crème fraîche hinzufügen, alles gründlich vermischen und mit Pfeffer würzen.

3 Die Avocadohälften in einer heißen Grillpfanne ohne Fett auf der Schnittfläche 4–5 Min. grillen. Dabei leicht andrücken, damit sie ein Grillmuster bekommen. Die Avocados auf zwei Teller setzen, die Thunfischcreme daraufgeben und alles mit den restlichen Kapern und der Petersilie bestreut servieren.

Für 2 Personen • 20 Min. Zubereitung • Pro Portion ca. 350 kcal, 32 g E, 20 g F, 9 g KH

ROTKOHL-SPINAT-SALAT MIT HÄHNCHEN

WINTER-REZEPT

FÜR DAS HÄHNCHEN

200 g Hähnchenbrustfilet
1 EL Rapsöl (ersatzweise Sonnenblumenöl)
Salz, Pfeffer

FÜR DEN SALAT

100 g Rotkohl
50 g Baby-Blattspinat
50 g Erdnusskerne (geröstet und gesalzen)

FÜR DAS DRESSING

75 g Joghurt
75 ml Orangensaft
Salz, Pfeffer

HÄHNCHEN: Das Hähnchenbrustfilet trocken tupfen. Das Öl in einer Pfanne erhitzen und das Hähnchenbrustfilet darin 4–5 Min. pro Seite bei mittlerer Hitze braten.

SALAT: Inzwischen vom Rotkohl die äußeren Blätter entfernen. Den Kohl waschen, trocken tupfen und auf dem Gemüsehobel in feine Streifen hobeln. Den Spinat waschen und trocken schleudern. Die Erdnüsse grob hacken.

DRESSING: Den Joghurt mit dem Orangensaft, ½ TL Salz und etwas Pfeffer in eine Schüssel geben und alle Zutaten zu einem cremigen Dressing verrühren.

FERTIGSTELLEN: Das Hähnchenbrustfilet salzen, pfeffern und quer in ca. ½ cm dicke Scheiben schneiden. Rotkohl und Spinat mischen und auf zwei Teller verteilen. Die Hähnchenscheiben darauf anrichten. Alles mit dem Dressing beträufeln und mit den gehackten Erdnüssen bestreut servieren.

SUPPEN & EINTÖPFE

Löffelglück für Eilige: Von sommerlicher Buttermilch-Radieschen-Kaltschale bis zu wärmender Maronen- oder Pilzcremesuppe, von klassischer Kartoffelsuppe mit Speck bis zu exotischer Tomaten-Papaya-Suppe mit Garnelen – hier ist für alle Suppenfreunde mit Mini-Zeitbudget was dabei.

Für 4 Personen • 30 Min. Zubereitung • Pro Portion ca. 560 kcal, 25 g E, 9 g F, 37 g KH

ASIATISCHE REISSUPPE MIT HUHN

ANGENEHM SCHARF

1 Stück Ingwer (ca. 3 cm)
2 Knoblauchzehen
1 rote Chilischote
250 g Hähnchenbrustfilet
2 EL Öl
1,25 l Hühnerbrühe
125 g 10-Minuten-Natur-Reis
600 g TK-Asia-Gemüse (ungewürzt)
Salz, Pfeffer
2–3 EL Sojasauce
1–2 EL Limettensaft
4 Stängel Koriandergrün
50 g gemischte Sprossen (z. B. Linsen, Rettich, Alfalfa; aus dem Kühlregal)

TIPP
Soll die Suppe gehaltvoller sein? Dann machen Sie es wie beim Chinesen: Zum Schluss 2 Eier verquirlen und unter Rühren in die fertige Suppe geben. Alles einmal kurz aufkochen und die Eier stocken lassen.

1 Ingwer und Knoblauch schälen und fein würfeln. Die Chilischote putzen, waschen und mit den Kernen in feine Ringe schneiden. Das Hähnchenbrustfilet trocken tupfen und in feine Streifen schneiden.

2 Das Öl in einem großen Topf erhitzen und die Hähnchenstreifen darin bei mittlerer Hitze unter Wenden ca. 2 Min. anbraten, herausnehmen. Ingwer, Chili und Knoblauch kurz im Topf anbraten. Die Brühe angießen und aufkochen. Den Reis einstreuen und ca. 5 Min. kochen lassen.

3 Das TK-Gemüse dazugeben, bei großer Hitze erneut aufkochen lassen und weitere 5 Min. garen. Die Suppe mit Salz, Pfeffer, Sojasauce und Limettensaft würzen. Die Hähnchenstreifen wieder dazugeben und in 2–3 Min. erhitzen.

4 Inzwischen das Koriandergrün abbrausen, trocken schütteln und die Blätter abzupfen. Die Sprossen in einem Sieb kurz abbrausen und abtropfen lassen. Die Suppe auf vier Schüsseln verteilen, mit Sprossen und Korianderblättern bestreuen und servieren.

Für 2 Personen • 20 Min. Zubereitung • Pro Portion ca. 545 kcal, 15 g E, 44 g F, 20 g KH

KOKOS-ERBSEN-SUPPE

LEICHT GEMACHT

1 kleine Stange Lauch (ca. 150 g) • 1 Zwiebel • 1 Knoblauchzehe • 1 Stück Ingwer (ca. 3 cm) • 1 EL Öl • 300 ml Gemüsebrühe • 150 g TK-Erbsen • 1 Dose Kokosmilch (400 g) • ½ Bund Schnittlauch • 1 EL Limettensaft • Salz, Pfeffer

1 Den Lauch putzen, waschen und in Ringe schneiden. Zwiebel, Knoblauch und Ingwer schälen, alles klein würfeln und in einem Topf im Öl anbraten. Den Lauch dazugeben, die Brühe dazugießen und aufkochen. Zugedeckt ca. 5 Min. garen, 100 g Erbsen hinzufügen und weitere 5 Min. köcheln.

2 Suppe fein pürieren, Kokosmilch und restliche Erbsen (50 g) zugeben, kurz aufkochen lassen und ca. 3 Min. köcheln. Schnittlauch waschen, trocken schütteln und in Röllchen schneiden. Die Suppe mit Limettensaft, Salz und Pfeffer abschmecken und mit Schnittlauch bestreuen.

Für 2 Personen • 20 Min. Zubereitung • Pro Portion ca. 210 kcal, 9 g E, 8 g F, 22 g KH

KICHERERBSEN-SUPPE

AUS MAROKKO

1 Dose Kichererbsen (240 g Abtropfgewicht) • 100 g Kirschtomaten • 1 Möhre • 1 Zwiebel • 1 Knoblauchzehe • 1 EL Olivenöl • 100 g TK-Blattspinat • 2 TL gemahlene Kurkuma • 1 TL gemahlener Kreuzkümmel • 500 ml Gemüsebrühe • Salz, Pfeffer

1 Kichererbsen abgießen, kalt abbrausen und abtropfen lassen. Tomaten waschen und halbieren. Möhre putzen, schälen und in dünne Scheiben schneiden. Zwiebel und Knoblauch schälen und klein würfeln. Einen Topf mit Öl erhitzen, Zwiebel und Knoblauch darin andünsten.

2 Den gefrorenen Spinat, Möhren und Kirschtomaten zugeben, mit Kurkuma und Kreuzkümmel bestreuen. Die Kichererbsen hinzufügen und die Brühe angießen. Alles aufkochen lassen und die Suppe ca. 5 Min. zugedeckt köcheln lassen. Mit Salz und Pfeffer abschmecken.

Für 2 Personen • 25 Min. Zubereitung • Pro Portion ca. 285 kcal, 5 g E, 12 g F, 39 g KH

KÜRBIS-APFEL-SUPPE

HERBST-REZEPT

350 g Hokkaido-Kürbis • 1 Apfel • 1 Zwiebel • 1 Knoblauchzehe • 2 EL Öl • 400 ml Gemüsebrühe • 1 Bio-Zitrone • 2 EL Semmelbrösel • 1 TL Chiliflocken • Salz, Pfeffer • 2 EL Joghurt

1 Kürbis und Apfel putzen, waschen, entkernen und mit Schale ca. 3 cm groß würfeln. Zwiebel und Knoblauch schälen, klein würfeln. Mit Kürbis- und Apfelwürfeln in einem Topf in 1 EL Öl ca. 1 Min. anbraten. Brühe zugießen, ca. 10 Min. zugedeckt köcheln.

2 Inzwischen Zitrone heiß waschen, abtrocken, 1 TL Schale abreiben und 1–2 EL Saft auspressen. Semmelbrösel und Chiliflocken im übrigen Öl (1 EL) rösten. ½ TL Salz und die Zitronenschale unterrühren, herausnehmen. Die Suppe fein pürieren, mit Salz, Pfeffer und Zitronensaft abschmecken. Je 1 EL Joghurt daraufgeben und mit den Chilibröseln bestreuen.

Für 2 Personen • 25 Min. Zubereitung • Pro Portion ca. 510 kcal, 17 g E, 27 g F, 48 g KH

KARTOFFELSUPPE MIT SPECK

EINFACH

500 g mehligkochende Kartoffeln • 1 kleine Dose Mais (140 g Abtropfgewicht) • 2 Zwiebeln • 2 EL Öl • 1 Lorbeerblatt • 500 ml Gemüsebrühe • 60 g Speckwürfel • 2 EL TK-Schnittlauch (gehackt) • 50 g Sahne • ½ TL frisch geriebene Muskatnuss • Salz, Pfeffer

1 Kartoffeln schälen, waschen und klein würfeln. Mais abgießen und abtropfen lassen. Zwiebeln schälen, klein würfeln und in einem Topf in 1 EL Öl andünsten. Kartoffeln, Lorbeer und Brühe zugeben, ca. 10 Min. zugedeckt köcheln, nach ca. 8 Min. den Mais (bis auf 2 EL) zugeben.

2 Inzwischen Speck im übrigen Öl (1 EL) knusprig braten. Übrigen Mais und Schnittlauch kurz mit erhitzen. Loorber herausnehmen, Sahne zugießen und die Suppe fein pürieren. Mit Muskat, Salz und Pfeffer abschmecken. Die Mais-Speck-Mischung daraufgeben und servieren.

Für 4 Personen • 30 Min. Zubereitung • Pro Portion ca. 330 kcal, 5 g E, 26 g F, 16 g KH

CREMIGE PASTINAKENSUPPE

LEICHT UND VOLL AROMA

400 g Pastinaken (ersatzweise Sellerie oder Petersilienwurzeln)
150 g vorwiegend festkochende Kartoffeln
1 Zwiebel
2 EL Rapsöl
Salz, Pfeffer
600 ml Gemüsebrühe
300 ml Milch
2 EL Mandelblättchen
½ Bund Petersilie
6 EL Mandelöl
2 EL Crème fraîche
2 TL Zitronensaft

1 Pastinaken und Kartoffeln putzen, schälen und grob würfeln. Die Zwiebel schälen und fein würfeln. Das Öl in einem breiten Topf erhitzen. Zwiebel, Pastinaken und Kartoffeln darin bei mittlerer Hitze 2–3 Min. anbraten, salzen und pfeffern. Brühe und Milch dazugießen und alles aufkochen lassen. Die Suppe zugedeckt bei mittlerer Hitze 15–20 Min. kochen lassen.

2 Inzwischen die Mandelblättchen in einer Pfanne ohne Fett rösten, vom Herd nehmen. Die Petersilie abbrausen, trocken schütteln und die Blätter abzupfen. Mit dem Mandelöl in einem hohen Rührbecher mit dem Pürierstab fein pürieren.

3 Die Crème fraîche zur Suppe geben und alles fein pürieren. Mit Salz, Pfeffer und Zitronensaft abschmecken. Die Suppe auf tiefe Teller verteilen, mit dem Petersilienöl beträufeln, mit den Mandelblättchen bestreuen und servieren. Dazu passen Vollkornbrötchen.

Für 4 Personen • 30 Min. Zubereitung • Pro Portion ca. 215 kcal, 4 g E, 11 g F, 23 g KH

PAPRIKASUPPE MIT TOPPING

MIT PUMPERNICKEL-APFEL-MIX

3 rote Paprika
1 Zwiebel
1 Knoblauchzehe
3 EL Olivenöl
1 Dose stückige Tomaten (400 g)
500 ml Gemüsebrühe
Salz, Pfeffer
½ TL getrockneter Majoran
100 g Pumpernickel
1 säuerlicher Apfel (z. B. Boskop)
1 EL Zitronensaft
1 EL Butter

1 Paprika waschen, halbieren, Trennwände und Kerne entfernen und die Hälften in grobe Stücke schneiden. Zwiebel schälen und würfeln. Knoblauch schälen und hacken.

2 Das Öl in einem großen Topf erhitzen. Paprika, Zwiebel und Knoblauch darin bei mittlerer Hitze ca. 3 Min. anbraten. Tomaten mit Saft und Brühe dazugießen und aufkochen. Mit Salz, Pfeffer und Majoran würzen und bei mittlerer Hitze zugedeckt ca. 15 Min. garen.

3 Inzwischen Pumpernickel fein zerbröseln. Apfel waschen, vierteln, entkernen und klein würfeln, sofort mit Zitronensaft beträufeln. Butter in einer Pfanne zerlassen und den Pumpernickel darin bei mittlerer Hitze ca. 5 Min. braten, leicht salzen. Vom Herd nehmen, die Apfelwürfel untermischen. Die Suppe pürieren. Mit Salz, Pfeffer und Majoran abschmecken. Auf tiefe Teller oder Schalen verteilen und mit dem Pumpernickel-Apfel-Mix bestreut servieren.

Für 2 Personen • 25 Min. Zubereitung • Pro Portion ca. 575 kcal, 23 g E, 26 g F, 56 g KH

SOMMERLICHE MINESTRONE MIT TORTELLONI

FÜR VEGGIES

2 EL Olivenöl
1 Zwiebel
300 g italienisches TK-Pfannengemüse (z. B. Möhren, grüne Bohnen, Zucchini, Brokkoli, Paprika)
2 TL Tomatenmark
1 TL getrockneter Oregano
600 ml Gemüsebrühe
12 Kirschtomaten
2 Stängel Basilikum
40 g italienischer Hartkäse (z. B. Grana padano)
250 g Tortelloni mit Spinat und Ricotta (aus dem Kühlregal)
Salz, Pfeffer

1 Das Öl in einem Topf erhitzen. Die Zwiebel schälen und in kleine Würfel schneiden. Im heißen Öl bei mittlerer Hitze glasig dünsten. Das TK-Gemüse dazugeben, Tomatenmark und Oregano unterrühren und alles kurz anbraten. Die Brühe dazugießen und zum Kochen bringen. Das Gemüse zugedeckt bei mittlerer Hitze in 5–7 Min. garen.

2 Inzwischen die Kirschtomaten waschen und halbieren. Das Basilikum abbrausen und trocken schütteln, die Blätter abzupfen und fein schneiden. Den Käse reiben.

3 Tortelloni und Tomaten in die heiße Suppe geben. Die Suppe nochmals ganz leicht aufkochen lassen und alles in 2–3 Min. bei mittlerer Hitze erwärmen und fertig garen. Die Suppe mit Salz und Pfeffer würzen. Auf tiefe Teller verteilen und mit Basilikum und Käse bestreut servieren. Dazu passt Weißbrot oder Roggenvollkornbrot.

TIPP

Mit ca. 500 g Hülsenfrüchten aus Dose oder Glas (weiße oder Dicke Bohnen, Linsen oder Kichererbsen) wird aus der Minestrone ein gehaltvoller Eintopf. Die Hülsenfrüchte kalt abbrausen, abtropfen lassen und mit den Tortelloni dazugeben.

Für 2 Personen • 20 Min. Zubereitung • Pro Portion ca. 330 kcal, 5 g E, 30 g F, 7 g KH

KALTE AVOCADO-GURKEN-SUPPE

COOL FÜR HEISSE TAGE

1 große Schalotte
200 g Salatgurke
1 reife Avocado
2 EL Limettensaft
500 ml Gemüsefond (aus dem Glas; ersatzweise Gemüsebrühe)
Salz
Chiliflocken
8 Kirschtomaten
4 TL Basilikumpesto (aus dem Glas)
4 Basilikumblätter zum Garnieren

1 Die Schalotte schälen und fein würfeln. Die Gurke schälen und in kleine Würfel schneiden. Die Avocado halbieren, den Kern entfernen und das Fruchtfleisch mit einem Löffel aus der Schale lösen.

2 Das Avocadofruchtfleisch in eine hohe Rührschüssel geben und den Limettensaft daraufträufeln, Schalotten- und Gurkenwürfel dazugeben, den Gemüsefond dazugießen und alles mit dem Pürierstab fein pürieren. Mit Salz und Chiliflocken kräftig abschmecken.

3 Die Kirschtomaten waschen und in Scheiben schneiden. Die Suppe in tiefen Tellern oder in Schalen anrichten und die Tomatenscheiben darauf verteilen. Die Suppe mit dem Basilikumpesto beträufeln und mit den Basilikumblättern garnieren. Dazu schmeckt Ciabatta oder Fladenbrot. Für etwas Crunch 2 Brot-Chips zerbröseln und auf die Suppe streuen.

Für 2 Personen • 20 Min. Zubereitung • Pro Portion ca. 450 kcal, 25 g E, 30 g F, 18 g KH

RADIESCHEN-KALTSCHALE

PUSHT MIT VITALSTOFFEN

2 Eier
500 g Buttermilch
4 EL Ziegenfrischkäse
200 ml Milch
2 EL Olivenöl
Salz, Pfeffer
2 EL Zitronensaft
1 Bund Schnittlauch
8 Radieschen
1 große Handvoll Radieschensprossen (aus dem Kühlregal)
4 TL gemischte Kerne (z. B. Sonnenblumen-, Pinien-, Kürbiskerne)

1 Die Eier in 6–7 Min. fast hart kochen. Inzwischen Buttermilch, Ziegenkäse, Milch und Olivenöl in eine hohe Rührschüssel geben und mit dem Pürierstab fein pürieren. Mit Salz, Pfeffer und dem Zitronensaft würzen. Schnittlauch abbrausen, trocken schütteln und in feine Röllchen schneiden, zwei Drittel davon unter die Buttermilchsuppe rühren.

2 Die Radieschen putzen, waschen und in dünne Scheiben schneiden. Die Sprossen abbrausen und abtropfen lassen. Die Eier kalt abschrecken, pellen und halbieren.

3 Die Suppe in Schüsseln oder tiefen Tellern anrichten, Radieschen und Eihälften dazugeben. Mit Sprossen, Kernen sowie übrigem Schnittlauch bestreuen und sofort servieren. Als Beilage passt kräftiges Bauernbrot oder Pumpernickel.

GRÜNER GEMÜSEEINTOPF MIT EDAMAME

VOLLWERT-REZEPT

400 g Brokkoli
2 Kohlrabi (à ca. 350 g)
300 g Baby-Pak-Choi
4 Frühlingszwiebeln
2 EL Olivenöl
1 l Gemüsebrühe
Salz, Pfeffer
300 g TK-Edamamekerne
400 ml Pflanzencreme (z. B. Sojacreme)
200 g Räuchertofu
ca. 2 EL Zitronensaft

GUT ZU WISSEN
Edamame – junge, grüne und unreif geerntete Sojabohnen – sind fix gekocht. Außerdem punkten sie mit jeder Menge Pflanzenprotein (ca. 20 g pro 100 g!), Ballaststoffen, Eisen und Kalzium – echtes Superfood!

1 Den Brokkoli putzen, waschen und in Röschen teilen. Die Brokkolistiele schälen und klein würfeln. Die Kohlrabi putzen, schälen und in ca. 2 cm große Würfel schneiden. Den Baby-Pak-Choi putzen und waschen. Den Strunk in feine Streifen schneiden, die Blätter grob schneiden. Die Frühlingszwiebeln putzen und waschen, weiße und hellgrüne Teile getrennt in feine Ringe schneiden.

2 Das Öl in einem Topf erhitzen. Weiße Frühlingszwiebelringe, Brokkoli, Kohlrabi und Pak-Choi-Stiele darin bei mittlerer Hitze 2–3 Min. anbraten. Die Gemüsebrühe dazugießen und mit Salz und Pfeffer würzen. Alles aufkochen und zugedeckt bei mittlerer Hitze ca. 8 Min. kochen lassen. Die gefrorenen Edamamekerne und die Pflanzencreme dazugeben und alles in 4–5 Min. fertig garen.

3 Inzwischen den Tofu trocken tupfen und in 1–2 cm große Würfel schneiden. Den Tofu und die Pak-Choi-Blätter in den Eintopf geben und darin bei kleiner Hitze 2–3 Min. erhitzen.

4 Den Eintopf mit Zitronensaft, Salz und Pfeffer abschmecken und in tiefen Tellern anrichten. Mit den grünen Frühlingszwiebelringen bestreut servieren. Dazu passt Vollkornbrot.

Für 2 Personen • 20 Min. Zubereitung • Pro Portion ca. 580 kcal, 10 g E, 36 g F, 51 g KH

MARONENSUPPE MIT THYMIAN

SAMTIG-FEINER GENUSS

4 TL Butter
1 große Schalotte
200 g gegarte Maronen (vakuumverpackt)
400 ml Gemüsefond (aus dem Glas)
100 ml Milch
2 Scheibem Vollkorntoastbrot
6 Zweige Thymian
2 TL Olivenöl
8 EL Sahne
Salz, Pfeffer
Piment d'Espelette (ersatzweise Cayennepfeffer)

1 Die Butter in einem Topf erhitzen. Die Schalotte schälen, fein würfeln und in der Butter in ca. 2 Min. glasig dünsten. Die Maronen hacken und bis auf 1 EL dazugeben. Fond und Milch hinzufügen, unter Rühren aufkochen. Zugedeckt bei kleiner Hitze ca. 5 Min. garen.

2 Inzwischen das Toastbrot entrinden und in kleine Würfel schneiden. Den Thymian abbrausen und trocken schütteln, die Blättchen abstreifen und hacken. Das Olivenöl in einer kleinen Pfanne erhitzen und die Toastwürfel darin mit dem Thymian bei mittlerer Hitze unter Wenden in 2–3 Min. goldbraun braten. Vom Herd nehmen.

3 Die Sahne in die Suppe rühren. Die Suppe mit dem Pürierstab im Topf fein pürieren. Mit Salz, Pfeffer und Piment d'Espelette würzen. Die Suppe auf tiefe Teller verteilen und mit den übrigen gehackten Maronen und den Croûtons bestreuen. Nach Belieben mit Thymianblättchen garnieren.

Für 2 Personen • 20 Min. Zubereitung • Pro Portion ca. 300 kcal, 10 g E, 21 g F, 10 g KH

TOMATEN-PAPAYA-SUPPE

KREOLISCH INSPIRIERT

2 EL Olivenöl
1 große Zwiebel
1 Stück reife Papaya (ca. 200 g)
1 Dose stückige Tomaten (400 g)
250 ml Gemüsebrühe
100 g geschälte, gegarte Garnelen (aus dem Kühlregal)
4 Stängel Koriandergrün
1 TL abgeriebene Schale von 1 Bio-Limette
2 EL Kokos-Chips
4 TL Crème fraîche
Salz
Cayennepfeffer

1 In einem Topf 1 EL Olivenöl erhitzen. Zwiebel schälen, fein hacken und im heißen Öl bei mittlerer Hitze glasig dünsten. Die Papaya schälen, entkernen und würfeln. Papaya, stückige Tomaten und Brühe in den Topf geben, alles aufkochen und zugedeckt bei kleiner Hitze ca. 7 Min. köcheln lassen.

2 Inzwischen die Garnelen waschen und trocken tupfen. Das Koriandergrün abbrausen und trocken schütteln, die Blätter abzupfen und grob hacken. Garnelen und Koriander mit Limettenschale, Kokos-Chips und übrigem Olivenöl (1 EL) vermischen.

3 Die Crème fraîche in die Suppe rühren und alles mit dem Pürierstab fein pürieren. Mit Salz und Cayennepfeffer abschmecken. Die Suppe auf tiefe Teller oder Schalen verteilen und mit dem Garnelen-Mix garnieren. Dazu schmecken knusprige Mais-Tortilla-Chips.

Für 2 Personen • 25 Min. Zubereitung • Pro Portion ca. 435 kcal, 36 g E, 20 g F, 28 g KH

KOKOS-CURRY-SUPPE MIT HÄHNCHEN

MIT SCHÄRFEKICK

500 ml Hühnerbrühe
200 g Kokosmilch (aus der Dose)
2 TL rote Thai-Currypaste
2 Stängel Zitronengras
1 Stück Ingwer (ca. 3 cm)
1 rote Chilischote
200 g Hähnchenbrustfilet
150 g TK-Erbsen
150 g Shiitake (Pilze; ersatzweise braune Champignons)
6 Stängel Koriandergrün
3 EL Thai-Fischsauce
Salz (nach Belieben)

TIPP
Die Einlagen für diese Suppe sind variabel: Sie können das Hähnchenfilet auch durch rohe geschälte Garnelen (küchenfertig) oder gewürfelten Tofu, z. B. natur, oder Curry-Mango, ersetzen.

1 In einem Topf die Brühe mit der Kokosmilch und der Currypaste unter gelegentlichem Rühren zum Kochen bringen.

2 Inzwischen das Zitronengras putzen, nur die unteren 10 cm verwenden, die äußeren Hüllblätter entfernen und das Innere mit einem Brett oder Plattierer flach drücken. Den Ingwer schälen und in dünne Scheiben schneiden. Die Chilischote waschen. Zitronengras, Ingwer und Chili in die Suppe geben und bei kleiner Hitze ca. 3 Min. mitkochen lassen.

3 Inzwischen das Hähnchenbrustfilet trocken tupfen und in feine Streifen schneiden. Die Erbsen antauen lassen. Von den Shiitake die Stiele entfernen, die Pilzkappen trocken abreiben und je nach Größe halbieren oder vierteln. Hähnchen, Pilze und Erbsen in die Suppe geben und ca. 5 Min. bei mittlerer Hitze mitkochen.

4 Das Koriandergrün waschen, trocken schütteln und die Blätter abzupfen. Die Suppe mit Fischsauce würzen und nach Belieben salzen. Auf Suppenschalen oder tiefe Teller verteilen und mit dem Koriandergrün bestreut servieren. Dazu schmeckt Stangenweißbrot.

Für 2 Personen • 25 Min. Zubereitung • Pro Portion ca. 250 kcal, 25 g E, 13 g F, 7 g KH

HÜHNERSUPPE

GLUTENFREI

½ kleine Stange Lauch (75 g)
2 EL Rapsöl (ersatzweise Sonnenblumenöl)
200 g Hähnchengeschnetzeltes
400 ml Geflügelfond (aus dem Glas; ersatzweise Hühnerbrühe)
2 Möhren (ca. 150 g)
150 g TK-Brokkoli
Salz, Pfeffer

1 Den Lauch putzen, gründlich waschen, längs halbieren und in feine Ringe schneiden.

2 Das Öl in einem Topf erhitzen. Das Hähnchengeschnetzelte trocken tupfen und im Öl bei großer Hitze ca. 3 Min. unter gelegentlichem Wenden rundherum scharf anbraten, bis es leicht gebräunt ist. Dann den Lauch hinzufügen und 1 Min. mitbraten. Den Geflügelfond dazugießen und zum Kochen bringen.

3 Inzwischen die Möhren putzen, schälen und schräg in feine Scheiben schneiden. Mit dem Brokkoli und ½ TL Salz in die Suppe geben und alles ca. 10 Min. offen köcheln lassen. Die Suppe mit Salz und Pfeffer abschmecken, auf Schüsseln oder tiefe Teller verteilen und servieren.

Für 2 Personen • 20 Min. Zubereitung • Pro Portion ca. 425 kcal, 17 g E, 35 g F, 9 g KH

TOMATEN-SELLERIE-SUPPE

GÜNSTIG

100 g Sellerie
1 EL Olivenöl
1 Dose stückige Tomaten (400 g)
100 g Sahne
150 g Schafskäse (Feta)
Salz, Pfeffer
1 EL getrocknete italienische Kräuter

1 Den Sellerie schälen und in feine Würfel schneiden. Das Olivenöl in einem Topf erhitzen und die Selleriewürfel darin bei großer Hitze 2–3 Min. unter gelegentlichem Wenden anbraten. Die Tomaten zugeben und alles bei mittlerer Hitze 10 Min. offen köcheln lassen.

2 Die Sahne und 100 g zerbröselten Feta dazugeben. Die Suppe mit einem Pürierstab fein pürieren. Mit Salz, Pfeffer und den getrockneten Kräutern abschmecken und die Suppe weitere 3 Min. köcheln lassen.

3 Die Suppe auf zwei tiefe Teller verteilen, mit dem restlichen Schafskäse (50 g) und nach Belieben ein paar frischen Kräutern bestreuen und sofort servieren.

Für 4 Personen • 30 Min. Zubereitung • Pro Portion ca. 305 kcal, 12 g E, 25 g F, 17 g KH

RATATOUILLE-EINTOPF MIT TOFU-CROÛTONS

LOW CARB

250 g Tofu
1 Gemüsezwiebel
2 Knoblauchzehen
4 EL Olivenöl
2 Pck. mediterrane TK-Gemüsemischung (à 480 g; z. B. Gemüse-Pfanne alla Mediterranea)
1 Dose geschälte Tomaten (400 g)
500 ml Gemüsebrühe
2 TL getrocknete Kräuter der Provence
Salz, Pfeffer
1 geh. EL Speisestärke
3 Stängel Basilikum

1 Den Tofu in mehrere Lagen Küchenpapier wickeln, mit einem Topf beschweren und ca. 15 Min. pressen.

2 Inzwischen die Zwiebel und den Knoblauch schälen und in kleine Würfel schneiden. 2 EL Öl in einem Topf erhitzen und die Zwiebel- sowie die Knoblauchwürfel darin bei mittlerer Hitze ca. 3 Min. andünsten. Das gefrorene Gemüse dazugeben und alles ca. 5 Min. weiterdünsten. Die Tomaten samt Saft und die Brühe hinzufügen. Mit den Kräutern der Provence sowie etwas Salz und Pfeffer würzen. Alles zum Kochen bringen und zugedeckt bei mittlerer Hitze ca. 15 Min. garen.

3 In der Zwischenzeit den Tofu aus dem Küchenpapier auswickeln und trocken tupfen, dann in ca. 1 cm große Würfel schneiden. Die Speisestärke mit je 1 großen Prise Salz und Pfeffer mischen und die Tofuwürfel darin wenden, sodass sie rundherum von der Stärkemischung umhüllt sind.

4 Das übrige Öl (2 EL) in einer beschichteten Pfanne erhitzen. Die Tofuwürfel darin unter Wenden bei mittlerer bis großer Hitze in ca. 5 Min. rundherum goldbraun braten. Herausnehmen und auf Küchenpapier entfetten.

5 Das Basilikum abbrausen und trocken schütteln, die Blätter von den Stielen zupfen. Den Eintopf mit Salz und Pfeffer abschmecken, auf Suppenschüsseln oder tiefe Teller verteilen und mit den Tofu-Croûtons anrichten. Mit Basilikumblättern garnieren und servieren.

Für 4 Personen • 30 Min. Zubereitung • Pro Portion ca. 415 kcal, 17 g E, 13 g F, 53 g KH

NUDELSUPPE MIT EI

ASIATISCH

2 rote Paprika
150 g Shiitake (Pilze)
1 Stück Ingwer (ca. 3 cm)
250 g Mie-Nudeln
2 EL Erdnussöl
2 TL chinesische 5-Gewürz-Mischung
1,5 l Gemüsebrühe
4 EL Sojasauce
4 Eier (M)
4 Frühlingszwiebeln
Salz, Pfeffer

1 Paprika waschen, längs vierteln, Trennwände und Kerne entfernen und die Viertel quer in feine Streifen schneiden. Pilze putzen und in dünne Scheiben schneiden. Ingwer schälen und fein würfeln. Die Nudeln nach Packungsanweisung garen, abgießen, abtropfen lassen und mit 1 EL Öl vermischen, damit sie nicht zusammenkleben.

2 Übriges Öl (1 EL) in einem Topf erhitzen. Ingwer und 5-Gewürz-Mischung darin bei mittlerer bis großer Hitze kurz anbraten. Brühe und Sojasauce angießen und aufkochen. Paprika und Shiitake hinzufügen und die Suppe zugedeckt bei sehr kleiner Hitze ca. 10 Min. köcheln.

3 Inzwischen die Eier in 6–7 Min. wachsweich kochen, abgießen, abschrecken, pellen und längs halbieren. Frühlingszwiebeln putzen, waschen und in ca. 3 cm lange, feine Streifen schneiden. Die Suppe mit Salz und Pfeffer abschmecken. Nudeln, Frühlingszwiebeln und Eier in Schalen anrichten und mit der heißen Suppe übergießen.

Für 4 Personen • 30 Min. Zubereitung • Pro Portion ca. 600 kcal, 21 g E, 36 g F, 44 g KH

MÖHREN-LINSEN-SUPPE

INDISCH

400 g Möhren
1 rote Zwiebel
1 EL Kokosöl
200 g rote Linsen
1 ½ EL gelbe Currypaste (indisch)
750 ml Gemüsebrühe
1 Dose Kokosmilch (400 g)
80 g Cashewkerne
½ Bund Koriandergrün
Salz, Pfeffer
150 g vegane Joghurtalternative (z. B. aus Soja)

1 Die Möhren putzen und schälen, die Zwiebel schälen. Beides in ca. 1 cm große Stücke schneiden. Das Kokosöl in einem Topf erhitzen, Möhren und Zwiebel darin bei mittlerer Hitze ca. 2 Min. andünsten. Linsen und Currypaste hinzufügen und 2–3 Min. weiterdünsten. Brühe und Kokosmilch dazugießen, alles unter Rühren aufkochen und zugedeckt bei mittlerer Hitze ca. 15 Min. köcheln lassen.

2 Inzwischen die Cashewkerne grob hacken und in einer Pfanne ohne Fett bei mittlerer Hitze goldbraun rösten. Auf einem Teller abkühlen lassen. Koriandergrün abbrausen und trocken schütteln. Blätter abzupfen, grob hacken und mit den Cashewkernen mischen.

3 Die Suppe vom Herd nehmen und mit dem Pürierstab fein pürieren. Mit Salz und Pfeffer abschmecken und auf Suppenschalen verteilen. Je ein Viertel der veganen Joghurtalternative daraufklecksen und den Cashew-Koriander-Mix darüberstreuen.

Für 2 Personen • 25 Min. Zubereitung • Pro Portion ca. 565 kcal, 10 g E, 55 g F, 6 g KH

PILZCREMESUPPE MIT KNUSPERSPECK

HERBST-REZEPT

FÜR DAS TOPPING

4 Scheiben Frühstücksspeck (50 g)
5 Stängel Petersilie

FÜR DIE SUPPE

200 g Champignons
½ Stange Lauch (100 g)
40 g Butter
400 ml Gemüsebrühe
200 g Sahne
Pfeffer

GU CLOU

Die Champignons werden beim Anbraten sehr dunkel und es dauert eine Weile, bis das Wasser austritt und anschließend wieder verdampft. Durch das lange Rösten werden die Pilze jedoch herrlich aromatisch.

TOPPING: Die Frühstücksspeckstreifen nebeneinander in eine Pfanne legen und bei mittlerer Hitze in 15–20 Min. kross braten. Gegen Ende aufpassen, dass der Speck nicht verbrennt. Dann die Speckstreifen auf Küchenpapier entfetten und trocknen. Die Petersilie abbrausen und trocken schütteln, die Blätter abzupfen und grob hacken.

SUPPE: Inzwischen die Champignons putzen und vierteln. In einem Topf ohne Fett bei mittlerer Hitze unter gelegentlichem Wenden dunkelbraun rösten, bis die ausgetretene Flüssigkeit wieder verdampft ist.

Den Lauch putzen, längs halbieren, gründlich waschen und in feine Ringe schneiden. Die Butter zu den Pilzen geben, dann den Lauch hinzufügen und 2–3 Min. mitdünsten. Die Brühe und die Sahne in den Topf geben. Alles kurz aufkochen, dann mit dem Pürierstab fein pürieren.

FERTIGSTELLEN: Die Suppe mit Pfeffer abschmecken, auf zwei tiefe Teller verteilen, mit Speck und Petersilie garnieren und sofort servieren.

Für 2 Personen • 20 Min. Zubereitung • Pro Portion ca. 340 kcal, 26 g E, 19 g F, 14 g KH

ROASTBEEF-GEMÜSE-BOUILLON

FEIN FÜR ABENDS

2 EL Öl
1 Zwiebel
350 g TK-Suppengemüse (z. B. Möhren, Lauch, Sellerie, Blumenkohl)
700 ml Rinderfond (aus dem Glas; ersatzweise Fleischbrühe)
140 g Roastbeefaufschnitt (ersatzweise Reste vom Sonntagsbraten)
Salz, Pfeffer
½ Bund Schnittlauch
2 EL Röstzwiebeln (Fertigprodukt)

1 Das Öl in einem Topf erhitzen. Die Zwiebel schälen, klein würfeln und im heißen Öl glasig dünsten. Das Suppengemüse dazugeben und den Fond hinzugießen. Aufkochen lassen und das Gemüse zugedeckt bei mittlerer Hitze ca. 5 Min. garen.

2 Inzwischen das Roastbeef in ca. 1 cm breite Streifen schneiden. In die heiße Suppe geben und ohne weitere Hitzezufuhr ca. 2 Min. ziehen lassen. Mit Salz und Pfeffer abschmecken.

3 Den Schnittlauch abbrausen, trocken schütteln und in feine Röllchen schneiden. Die Suppe auf tiefe Teller verteilen, mit Schnittlauch und Röstzwiebeln bestreuen. Dazu schmeckt Brot.

Für 2 Personen • 20 Min. Zubereitung • Pro Portion ca. 330 kcal, 15 g E, 14 g F, 37 g KH

LINSENTOPF MIT KASSELER

SEELENWÄRMER FÜR KALTE TAGE

2 EL Öl
1 große Zwiebel
2 Pck. TK-Suppengrün (à 70 g)
200 g Kasseler (ohne Knochen)
600 ml Hühnerbrühe
Salz, Pfeffer
1 TL getrockneter Thymian
200 g Linsen (aus der Dose)
1 kleiner Apfel
3 EL Instant-Kartoffelpüree-pulver
2 EL TK-Petersilie

1 Das Öl in einem Topf erhitzen. Die Zwiebel schälen, in kleine Würfel schneiden und mit dem Suppengrün im heißen Öl ca. 2 Min. andünsten. Inzwischen das Kasseler in 1 cm kleine Würfel schneiden und dazugeben. Mit der Brühe aufgießen und aufkochen lassen. Mit Salz, Pfeffer und Thymian würzen und alles zugedeckt bei mittlerer Hitze ca. 5 Min. garen.

2 Inzwischen die Linsen abgießen, abbrausen und abtropfen lassen. Den Apfel schälen, entkernen und in kleine Würfel schneiden. Linsen und Apfelwürfel in den Topf geben, das Kartoffelpüreepulver einrühren und die Suppe wieder aufkochen. Alles noch 2–3 Min. bei kleiner Hitze köcheln lassen, bis der Eintopf leicht gebunden ist.

3 Den Eintopf mit Salz und Pfeffer abschmecken und die Petersilie unterrühren. Auf tiefe Teller verteilen und mit Bauernbrot servieren.

HAUPTGERICHTE MIT FLEISCH & FISCH

Der Hunger ist groß, aber die Zeit knapp? Diese Fleisch- und Fischgerichte machen in Windeseile satt und zufrieden! Von Tagliata mit Rucola und Kirschtomaten über Hähnchenfilet mit Erdnusssauce bis hin zu Kabeljau-Saltimbocca mit Tomaten und Lachs auf Gurken-Apfel-Salat ist alles dabei.

Für 2 Personen • 20 Min. Zubereitung • Pro Portion ca. 585 kcal, 26 g E, 28 g F, 57 g KH

GNOCCHI MIT STEINPILZEN, ZUCCHINI UND SCHINKEN

LEICHT GEMACHT

20 g getrocknete Steinpilze
1 Zucchino (ca. 200 g)
40 g Parmesan
1 EL Olivenöl
Salz, Pfeffer
2 EL Butter
300 g Gnocchi (aus dem Kühlregal)
60 g luftgetrockneter Schinken (z. B. Parma- oder Serranoschinken)

1 Im Wasserkocher 150 ml Wasser aufkochen. Die Steinpilze in einen hohen Rührbecher geben, das kochende Wasser dazugießen und die Steinpilze ca. 15 Min. einweichen lassen.

2 Inzwischen den Zucchino putzen, waschen und in ca. ½ cm dicke Scheiben schneiden. Den Parmesan mit einem Gemüsehobel oder einem Sparschäler in dünne Späne hobeln.

3 Das Öl in einer Pfanne erhitzen. Die Zucchinischeiben darin bei mittlerer Hitze rundherum hellbraun anbraten, mit Salz und Pfeffer würzen, dann herausnehmen. Die Butter in der Pfanne erhitzen. Die Gnocchi hineingeben und bei mittlerer Hitze in ca. 2 Min. rundherum goldbraun braten. Zucchinischeiben untermischen und die Hitze reduzieren.

4 Die Pilze mitsamt dem Einweichwasser mit einem Pürierstab fein pürieren. Unter die Gnocchi-Zucchini-Mischung rühren und alles mit Salz und Pfeffer abschmecken. Auf zwei Schüsseln oder Teller verteilen, den Schinken mit den Fingern grob zerzupfen und darübergeben. Die Gnocchi mit den Parmesanspänen bestreuen und servieren.

Für 2 Personen • 25 Min. Zubereitung • Pro Portion ca. 540 kcal, 48 g E, 31 g F, 14 g KH

TAGLIATA MIT RUCOLA UND BALSAMICO-TOMATEN

AUS ITALIEN

2 Rumpsteaks (à ca. 180 g)
Salz, Pfeffer
2 EL Olivenöl
200 g Kirschtomaten
2 Knoblauchzehen
1 EL Zucker
2 EL Aceto balsamico
10 schwarze Oliven (entsteint)
30 g Parmesan
1 kleines Bund Rucola (ca. 50 g)

1 Den Backofen auf 100° vorheizen. Die Rumpsteaks trocken tupfen und mit Salz sowie Pfeffer würzen. Eine Pfanne erhitzen, 1 EL Öl hineingeben und stark erhitzen. Die Rumpsteaks darin auf jeder Seite je nach gewünschter Garstufe 2–4 Min. scharf anbraten. Die Steaks herausnehmen und auf einer ofenfesten Platte im Backofen warm halten.

2 Inzwischen die Tomaten waschen und trocken tupfen. Den Knoblauch schälen und fein würfeln. Die Pfanne mit Küchenpapier auswischen und das übrige Öl (1 EL) hineingeben. Den Knoblauch und die Tomaten zugeben, mit dem Zucker bestreuen und bei mittlerer Hitze ca. 3 Min. offen braten, bis die Haut der Tomaten aufgeplatzt ist. Dann mit Essig ablöschen, mit Salz und Pfeffer würzen und die Oliven dazugeben.

3 Den Parmesan mit einem Gemüsehobel oder einem Sparschäler in dünne Späne hobeln. Den Rucola waschen, trocken schütteln und die groben Stiele entfernen. Rucola auf zwei Teller verteilen. Die Steaks mit einem scharfen Fleischmesser in Scheiben schneiden und mit Balsamico-Tomaten und Oliven auf dem Rucola anrichten. Die Parmesanspäne darüberstreuen.

Für 2 Personen • 25 Min. Zubereitung • Pro Portion ca. 415 kcal, 28 g E, 29 g F, 10 g KH

PAPRIKA MIT SPECKFÜLLUNG

GÜNSTIG

2 rote Spitzpaprika
80 g Kidneybohnen (aus der Dose)
8 Scheiben Frühstücksspeck (100 g)
2 Stängel Petersilie
2 Eier
3 Msp. Chilipulver (Gewürzmischung)
80 g geriebener Emmentaler

1 Den Backofen auf 230° vorheizen. Die Paprika waschen, halbieren und die Trennwände und Kerne entfernen. Die Stielansätze intakt lassen. Die Bohnen in ein Sieb abgießen, abbrausen und abtropfen lassen. Den Frühstücksspeck klein zupfen. Die Petersilie abbrausen und trocken schütteln, die Blätter abzupfen und hacken.

2 Eine ofenfeste Form mit Backpapier auslegen und die Paprikahälften mit der Hautseite nach unten hineinlegen.

3 Bohnen und Speck auf die Paprikahälften verteilen. Die Eier in einen Rührbecher aufschlagen, mit Chili würzen und mit dem Schneebesen verquirlen. Die Masse über die Bohnenmischung geben und den Käse darüberstreuen. Die gefüllten Paprika im Ofen (Mitte) in 12–15 Min. goldbraun backen. Herausnehmen, auf Teller verteilen und mit Petersilie garniert servieren.

Für 2 Personen • 25 Min. Zubereitung • Pro Portion ca. 615 kcal, 40 g E, 46 g F, 7 g KH

GEMÜSE-HACK-PFANNE

KLASSIKER

1 Zwiebel
1 rote Paprika
200 g Kirschtomaten
2 EL Olivenöl
250 g Rinderhackfleisch
Salz, Pfeffer
2 EL Aceto balsamico
100 g geriebener Cheddar
1 Frühlingszwiebel

1 Die Zwiebel schälen und fein würfeln. Die Paprika waschen, halbieren, Trennwände und Kerne entfernen und die Hälften in 1 cm große Würfel schneiden. Die Tomaten waschen und halbieren.

2 Das Öl in einer Pfanne erhitzen und die Zwiebel darin bei großer Hitze in 1 Min. glasig dünsten. Das Hackfleisch zugeben und unter gelegentlichem Wenden ca. 4 Min. scharf anbraten, bis es leicht bräunt. Paprika und Tomaten zufügen, alles mit 1 TL Salz und etwas Pfeffer würzen, gut verrühren und mit dem Balsamico ablöschen. Die Hackpfanne zugedeckt bei mittlerer Hitze ca. 10 Min. schmoren, gelegentlich umrühren. 2 Min. vor Ende der Garzeit den Cheddar aufstreuen. Alles zugedeckt weitergaren, bis er geschmolzen ist.

3 Inzwischen die Frühlingszwiebel waschen, putzen und in Ringe schneiden. Die Gemüse-Hack-Pfanne mit den Frühlingszwiebelringen bestreut servieren.

HACKBÄLLCHEN MIT PARMESAN-KÜRBIS

LIEBLINGS-BLECH

FÜR DEN KÜRBIS

1 Hokkaido-Kürbis (ca. 1 kg)
3 EL Olivenöl
Salz, Pfeffer
35 g Parmesan
40 g Panko (asiat. Semmelbrösel; ersatzweise Semmelbrösel)

FÜR DIE HACKBÄLLCHEN

30 g getrocknete Tomaten
50 g Baby-Blattspinat (ersatzweise Rucola)
500 g mageres Rinderhackfleisch
1 Ei (S)
Salz, Pfeffer
2 EL Olivenöl

KÜRBIS: Den Backofen auf 200° vorheizen. Den Kürbis waschen, halbieren und die Kerne entfernen. Das Kürbisfleisch in 3–4 mm breite Spalten schneiden und auf einem mit Backpapier belegten Backblech verteilen. Dabei sollten die Stücke möglichst nicht übereinanderliegen. Mit 2 EL Öl beträufeln, salzen und pfeffern. Im heißen Ofen (Mitte) ca. 15 Min. garen.

HACKBÄLLCHEN: Inzwischen die Tomaten in kleine Stücke schneiden. Den Spinat waschen, trocken schütteln und klein hacken, dabei evtl. grobe Stiele entfernen. Das Hackfleisch mit Tomaten, Spinat, Ei, 1 TL Salz und Pfeffer verkneten. Die Masse zu ca. 16 golfballgroßen Bällchen formen. Das Öl in einer beschichten Pfanne erhitzen und die Hackbällchen darin unter Wenden 10–12 Min. braten.

FERTIGSTELLEN: Während die Bällchen braten, für die Käsekruste den Parmesan fein reiben. Mit dem Panko und dem übrigen Öl (1 EL) mischen, salzen und pfeffern. Nach ca. 15 Min. Garzeit den Kürbis aus dem Ofen nehmen und die Parmesanmischung auf den Kürbisspalten verteilen. Weitere ca. 10 Min. garen, bis die Parmesankruste goldbraun und knusprig wird. Hackbällchen und Parmesan-Kürbis auf Tellern anrichten und servieren. Dazu schmeckt Polenta.

Für 2 Personen • 25 Min. Zubereitung • Pro Portion ca. 715 kcal, 35 g E, 48 g F, 34 g KH

FRIKADELLEN MIT KARTOFFELSALAT

FÜR KINDER

500 g festkochende Kartoffeln
1 Zwiebel
2 EL Öl
200 ml Gemüsebrühe
300 g Schweinemett
3 TL mittelscharfer Senf
½ Salatgurke
½ Bund Schnittlauch
2 EL Weißweinessig
Salz, Pfeffer
2 EL saure Sahne

1 Kartoffeln schälen, waschen und in dünne Scheiben schneiden. Zwiebel schälen und klein würfeln. 1 EL Öl in einem Topf erhitzen und die Zwiebel darin glasig dünsten. Die Brühe dazugießen, Kartoffelscheiben dazugeben und in 10–15 Min. zugedeckt weich garen.

2 Inzwischen das Schweinemett mit dem Senf mischen und zu 4 Frikadellen formen. Das übrige Öl (1 EL) in einer Pfanne erhitzen und die Frikadellen darin bei mittlerer Hitze auf beiden Seiten je nach Dicke in 8–12 Min. knusprig goldbraun braten.

3 Inzwischen die Gurke schälen und in dünne Scheiben schneiden, diese evtl. noch halbieren. Schnittlauch abbrausen, trocken schütteln und in feine Röllchen schneiden. Die Kartoffeln vom Herd nehmen, den Essig unterrühren, mit Salz und Pfeffer würzen. Gurkenscheiben, Schnittlauch und saure Sahne unterrühren und den lauwarmen Kartoffelsalat zu den Frikadellen servieren.

Für 2 Personen • 30 Min. Zubereitung • Pro Portion ca. 790 kcal, 49 g E, 46 g F, 45 g KH

BBQ-PORK MIT HUMMUS

EXOTISCH

1 Dose Kichererbsen (240 g Abtropfgewicht)
2 Knoblauchzehen
3 EL Tahin (Sesampaste)
3 EL Zitronensaft
5 EL Olivenöl
Salz, Pfeffer
1 kleine Dose Mais (140 g Abtropfgewicht)
2 Tomaten
2 Frühlingszwiebeln
2 Schweineschnitzel (à ca. 150 g)
80 ml Barbecuesauce (aus der Flasche)

1 Die Kichererbsen in ein Sieb abgießen, kalt abbrausen und abtropfen lassen. Den Knoblauch schälen und grob hacken, mit den Kichererbsen, Tahin, 2 EL Zitronensaft, 2 EL Öl und 40 ml Wasser in einen hohen Rührbecher geben. Alles mit einem Pürierstab fein pürieren und mit Salz und Pfeffer würzen. Beiseitestellen.

2 Mais abtropfen lassen. Tomaten waschen, vierteln und ohne Stielansätze klein würfeln. Frühlingszwiebeln putzen, waschen und mit Grün in Ringe schneiden. Mais, Tomaten und Frühlingszwiebeln mit 2 EL Öl und übrigem Zitronensaft (1 EL) mischen, salzen und pfeffern.

3 Die Schweineschnitzel trocken tupfen und quer zur Faser in feine Streifen schneiden. Das übrige Öl (1 EL) in einer Pfanne erhitzen und das Fleisch darin ca. 5 Min. rundherum anbraten, dann salzen und pfeffern. Die Barbecuesauce unterrühren, vom Herd nehmen und das BBQ-Pork mit Hummus und Salsa anrichten.

Für 4 Personen • 30 Min. Zubereitung • 18 Min. Backen • Pro Portion 635 kcal, 48 g E, 27 g F, 49 g KH

KNUSPER-CHICKEN-NUGGETS

LIEBLINGS-STÜCKCHEN

FÜR DIE NUGGETS

500 g Hähnchenbrustfilet
100 g knusprige Frühstücksflocken (z. B. Kellogs All Bran)
40 g Parmesan
2 EL Rapsöl
4 EL Mehl
1 TL edelsüßes Paprikapulver
Salz, Pfeffer
2 Eier

FÜR DEN SALAT

500 g Möhren
1 EL flüssiger Honig
3 EL Zitronensaft
Salz, Pfeffer
2 EL Rapsöl

FÜR DEN DIP

30 g Rucola (ersatzweise Baby-Spinat)
200 g Magerquark
1 EL grünes Pesto (Glas)
Salz

NUGGETS: Den Backofen auf 200° vorheizen. Das Fleisch trocken tupfen und in ca. 6 cm große Stücke schneiden. Die Frühstücksflocken und den Parmesan für die Panade portionsweise im Blitzhacker zerkleinern. In einen tiefen Teller geben und das Öl gut unterrühren. In einem anderen tiefen Teller Mehl und Paprikapulver mischen, salzen und pfeffern. Die Eier in einem dritten tiefen Teller verquirlen, salzen und pfeffern.

Die Fleischstücke salzen, im Paprika-Mehl wenden und etwas abklopfen. Durchs Ei ziehen und schließlich in der Panade wenden. Auf ein mit Backpapier belegtes Backblech legen und im heißen Ofen (Mitte) 15–18 Min. backen, dabei nach der Hälfte der Garzeit einmal wenden.

SALAT: Inzwischen die Möhren putzen, schälen und grob raspeln. Den Honig mit Zitronensaft, Salz und Pfeffer in einer Salatschüssel verrühren. Das Öl unterschlagen und die Möhrenraspel unter das Dressing mischen.

DIP: Für den Dip Rucola waschen, trocken schütteln und mit dem Quark und dem Pesto fein pürieren. Mit Salz abschmecken.

SERVIEREN: Die fertigen Chicken Nuggets mit dem Salat und dem Dip anrichten.

Für 2 Personen • 25 Min. Zubereitung • Pro Portion ca. 455 kcal, 49 g E, 25 g F, 10 g KH

HÄHNCHENFILET MIT ERDNUSSSAUCE

KÜCHENGRUSS AUS ASIEN

Salz
400 g Baby-Pak-Choi
2 Hähnchenbrustfilet (à ca. 180 g)
Pfeffer
200 g ungesüßte Kokosmilch (aus der Dose)
6 EL Gemüsebrühe
4 TL Erdnussmus (siehe Tipp)
4 TL Sojasauce
1 TL Sambal oelek
4 TL Limettensaft
1 TL Zucker
2 Bio-Limettenspalten

TIPP
Bei Peanut-Butter können Sie zwischen zwei Sorten wählen: Wer es creamy mag, nimmt für die Sauce feincremige Erdnusscreme. Wer es crunchy bevorzugt, greift zu stückiger Erdnusscreme.

1 In einen großen Topf oder Wok 2–3 cm hoch Wasser einfüllen. Zum Kochen bringen und salzen.

2 Inzwischen den Pak Choi putzen, waschen und der Länge nach halbieren. Die Pak-Choi-Hälften in einen Dämpfeinsatz legen. Die Hähnchenbrustfilets trocken tupfen und in je 3 Stücke schneiden. Auf den Pak Choi legen, mit Salz und Pfeffer würzen. Den Dämpfeinsatz auf den Topf setzen, einen passenden Deckel auflegen und Pak Choi und Hähnchenbrustfilets zugedeckt bei mittlerer Hitze 8–10 Min. dämpfen.

3 Inzwischen für die Sauce in einem Topf die Kokosmilch mit Brühe, Erdnusscreme, Sojasauce und Sambal oelek mischen. Unter Rühren aufkochen lassen und dann bei kleiner Hitze zugedeckt 2–3 Min. köcheln lassen. Die Sauce mit Limettensaft, Zucker und Salz abschmecken.

4 Hähnchenfilet und Pak Choi auf Tellern anrichten und die Erdnusssauce dazu servieren. Die Limettenspalten zum Beträufeln dazu reichen. Dazu schmeckt Express-Reis oder Weißbrot.

Für 2 Personen • 25 Min. Zubereitung • Pro Portion ca. 525 kcal, 62 g E, 25 g F, 11 g KH

BLUMENKOHLREIS MIT HÄHNCHEN

GLUTENFREI

1 kleine rote Zwiebel
½ Blumenkohl (400 g)
3 EL Olivenöl
1 Dose stückige Tomaten (400 g)
1 TL getrockneter Rosmarin
Salz
400 g Hähnchenbrustfilet
Pfeffer
75 g geriebener Gouda

1 Die Zwiebel schälen und in feine Würfel schneiden. Den Blumenkohl waschen, die Röschen grob klein schneiden, dann portionsweise im Blitzhacker auf Reiskorngröße zerkleinern.

2 In einem Topf 2 EL Öl erhitzen und die Zwiebel darin bei mittlerer Hitze in 2 Min. glasig dünsten. Den Blumenkohl zugeben, 1 Min. mitbraten und die Tomaten dazugießen. Alles mit Rosmarin und ½ TL Salz würzen und offen 10–12 Min. köcheln lassen.

3 Das restliche Öl (1 EL) in einer Pfanne erhitzen. Das Hähnchenbrustfilet trocken tupfen und bei mittlerer Hitze darin in 4–5 Min. pro Seite braun braten. Mit Salz und Pfeffer würzen und in Scheiben schneiden.

4 Blumenkohlreis und Gouda mischen und mit Pfeffer abschmecken. Auf zwei Teller verteilen und mit der Hähnchenbrust servieren.

Für 2 Personen • 30 Min. Zubereitung • Pro Portion ca. 450 kcal, 41 g E, 29 g F, 5 g KH

PUTENBRUST MIT OLIVENKRUSTE

MEDITERRAN

1 Zucchino (200 g)
1 EL Olivenöl
250 g Putenbrustfilet
½ Bio-Zitrone
1 Schalotte
100 g Schafskäse (Feta)
75 g schwarze Oliven (entsteint)
Pfeffer

1 Den Backofen auf 240° vorheizen. Den Zucchino putzen, waschen und schräg in ½ cm dicke Scheiben schneiden.

2 Eine ofenfeste Form mit Backpapier auslegen, die Zucchinischeiben fächerförmig hineinlegen und mit dem Olivenöl bestreichen. Das Putenbrustfilet trocken tupfen und mittig darauflegen.

3 Die Zitronenhälfte heiß waschen, abtrocknen und die Schale fein abreiben. Die Schalotte schälen und vierteln. Schafskäse, Schalotte, Oliven und Zitronenschale im Blitzhacker fein hacken. Die Masse auf der Putenbrust verstreichen und das Filet im Ofen (Mitte) ca. 20 Min. braten, bis es gar und die Kruste gebräunt ist.

4 Das Putenbrustfilet halbieren und mit den Zucchinischeiben auf zwei Tellern anrichten. Mit Pfeffer bestreuen und servieren.

HONIG-ENTENBRUST MIT MANGOKOMPOTT

FÜR GÄSTE

Für 2 Personen • 30 Min. Zubereitung • Pro Portion ca. 815 kcal, 44 g E, 22 g F, 107 g KH

Salz
1 Lorbeerblatt
150 g Basmati-Reis
400 g Entenbrustfilet
4 EL flüssiger Honig
Pfeffer
1 reife Mango
1 EL Limettensaft
1 TL Chiliflocken
2 EL süße Chilisauce (aus der Flasche)
3 Stängel Petersilie (nach Belieben)

1 Den Backofen auf 175° vorheizen. 300 ml Wasser im Wasserkocher aufkochen, in einen Topf umfüllen, ¼ TL Salz und das Lorbeerblatt hinzufügen (Bild 1). Erneut aufkochen, den Reis zugeben und in ca. 15 Min. zugedeckt garen.

2 Inzwischen das Entenbrustfilet trocken tupfen und die Haut mit einem scharfen Messer kreuzweise einschneiden, ohne dabei in das Fleisch zu schneiden (Bild 2). Eine Pfanne ohne Fett erhitzen, die Entenbrust mit der Hautseite nach unten hineinlegen und ca. 4 Min. kräftig anbraten, bis sie leicht gebräunt ist. Dann wenden (ohne in das rohe Fleisch zu stechen) und weitere 3 Min. braten. Die Entenbrust rundherum mit 2 EL Honig bestreichen (Bild 3) und mit Salz und Pfeffer würzen.

3 Das Entenbrustfilet in eine ofenfeste Form legen und im heißen Ofen (Mitte) in ca. 10 Min. fertig garen. Inzwischen die Mango schälen, das Fruchtfleisch bis zum Stein in Scheiben abschneiden und ca. 2 cm groß würfeln (Bild 4). Mit dem übrigen Honig (2 EL), dem Limettensaft und den Chiliflocken in einen kleinen Topf geben. Alles unter Rühren aufkochen und ca. 5 Min. zugedeckt köcheln lassen. Die Chilisauce unterrühren.

4 Die Entenbrust aus dem Ofen nehmen, in ein Stück Alufolie einwickeln und ca. 5 Min. bei Zimmertemperatur ruhen lassen. Inzwischen nach Belieben die Petersilie waschen und trocken schütteln, die Blätter abzupfen und klein hacken. Das Fleisch mit einem scharfen Messer schräg in ca. 1 cm breite Scheiben schneiden (Bild 5) und mit dem Reis sowie dem Mangokompott auf zwei Tellern anrichten. Mit der Petersilie bestreut servieren (Bild 6).

GU **CLOU**

Die Hautseite der Entenbrust schneidet man vor dem Garen ein, damit das Fett beim Braten austritt – so wird die Haut schön kross! Aber Achtung: Nicht ins Fleisch schneiden, sonst geht Fleischsaft verloren, der für das zarte Innere sorgt. Durch den Honig wird die Entenbrust noch knuspriger.

Für 2 Personen • 25 Min. Zubereitung • Pro Portion ca. 545 kcal, 47 g E, 15 g F, 53 g KH

HÄHNCHEN-COUSCOUS-PFANNE

EINFACH

2 große Möhren
300 g Hähnchenbrustfilet
2 EL Öl
Salz, Pfeffer
150 g TK-Blattspinat
2 EL Rosinen (ersatzweise getrocknete Cranberrys)
2 TL Currypulver
400 ml Hühnerbrühe
2 Frühlingszwiebeln
100 g Couscous
150 g Joghurt

1 Die Möhren putzen, schälen und schräg in ca. 3 mm dicke Scheiben schneiden. Das Hähnchenbrustfilet trocken tupfen und zuerst in ca. 3 cm dicke Scheiben schneiden, dann die Scheiben ca. 3 cm groß würfeln.

2 In einer Pfanne 1 EL Öl erhitzen und die Hähnchenwürfel darin bei mittlerer Hitze unter ständigem Rühren hellbraun braten. Mit Salz und Pfeffer würzen, herausnehmen und zugedeckt warm halten.

3 Das übrige Öl (1 EL) in der Pfanne erhitzen und die Möhren darin unter Rühren bei mittlerer Hitze ca. 1 Min. andünsten. Den gefrorenen Spinat und die Rosinen dazugeben, die Mischung mit Salz und Currypulver würzen. Die Brühe dazugießen und alles zugedeckt bei mittlerer Hitze ca. 5 Min. garen.

4 Inzwischen die Frühlingszwiebeln putzen, waschen und mitsamt Grün in feine Ringe schneiden. Zum Möhren-Spinat-Gemüse geben und ca. 1 Min. mitdünsten. Das Hähnchenfleisch und den Couscous unterrühren. Die Pfanne vom Herd nehmen und den Couscous zugedeckt ca. 5 Min. quellen lassen. Alles mit einer Gabel auflockern und die Hähnchen-Couscous-Pfanne auf zwei Teller verteilen. Den Joghurt glatt rühren und darübergeben oder dazu reichen.

Für 2 Personen • 25 Min. Zubereitung • Pro Portion ca. 720 kcal, 71 g E, 20 g F, 61 g KH

INGWER-HÄHNCHEN MIT LINSEN

AROMATISCH

2 Knoblauchzehen
20 g Ingwer
3 EL Öl
300 ml Gemüsebrühe
140 g rote Linsen
1 Bio-Limette
1 EL Sojasauce
2 EL flüssiger Honig
2 Hähnchenbrustfilets
Pfeffer
Salz
½ Bund Koriandergrün

1 Knoblauch und Ingwer schälen und fein würfeln. 1 EL Öl in einem Topf erhitzen und jeweils die Hälfte von Knoblauch und Ingwer darin glasig dünsten. Brühe und Linsen zugeben und zugedeckt bei kleiner Hitze in ca. 10 Min. garen. Inzwischen Limette heiß waschen, trocknen, Schale abreiben, Frucht halbieren und auspressen. Beides mit Sojasauce, Honig, 1 EL Öl und übrigem Knoblauch und Ingwer verrühren.

2 Hähnchenfleisch trocken tupfen und mit Pfeffer würzen. Eine Pfanne mit dem übrigen Öl (1 EL) erhitzen und das Fleisch darin bei großer Hitze pro Seite ca. 3 Min. braten. Mit Limettenmarinade ablöschen und zugedeckt in ca. 10 Min. garen. Danach offen weitergaren, bis die Flüssigkeit eingedickt ist, dabei das Fleisch mehrfach wenden und mit dem Sud übergießen. Die Linsen mit Salz und Pfeffer abschmecken. Koriander waschen und trocken schütteln, die Blätter abzupfen, klein hacken und über das fertige Gericht streuen.

Für 2 Personen • 25 Min. Zubereitung • Pro Portion ca. 735 kcal, 41 g E, 33 g F, 65 g KH

THAI-CURRY

ASIATISCH

Salz
150 g Basmati-Reis
250 g Hähnchenbrustfilet
4 Frühlingszwiebeln
1 rote Paprika
2 EL Sonnenblumenöl
1 EL rote Thai-Currypaste
1 kleine Dose Kokosmilch (200 g)
1 EL Sojasauce
1 EL Limettensaft
½ Bund Koriandergrün

1 In einem Topf 300 ml Wasser aufkochen. ¼ TL Salz zugeben und den Reis darin nach Packungsanweisung zugedeckt ca. 15 Min. garen.

2 Inzwischen das Hähnchenbrustfilet trocken tupfen, zuerst in ca. 3 cm dicke Scheiben, dann in ca. 3 cm große Würfel schneiden. Frühlingszwiebeln putzen, waschen und mit Grün schräg in ca. 3 cm große Stücke schneiden. Paprika waschen, vierteln, Trennwände und Kerne entfernen und die Viertel in Streifen schneiden.

3 Eine Pfanne mit 1 EL Öl erhitzen, Fleisch ca. 3 Min. anbraten. Herausnehmen und übriges Öl (1 EL) darin erhitzen, Paprika ca. 1 Min. braten. Currypaste einrühren, ca. 5 Sek. mitbraten, Fleisch und Kokosmilch zugeben. Aufkochen lassen, Frühlingszwiebeln zugeben und bei kleiner Hitze ca. 4 Min. köcheln. Mit Sojasauce und Limettensaft abschmecken. Koriander waschen und trocken schütteln, Blätter abzupfen, klein hacken und auf das Curry streuen. Mit Reis servieren.

Für 2 Personen • 25 Min. Zubereitung • Pro Portion ca. 640 kcal, 50 g E, 39 g F, 15 g KH

CURRY-SAUERKRAUT MIT KOKOS-HÄHNCHEN-NUGGETS

EXOTISCH

FÜR DAS SAUERKRAUT

1 Glas Sauerkraut (650 g Abtropfgewicht)
1 rote Paprika (200 g)
200 g Kokosmilch
1 TL rote Currypaste
Salz

FÜR DIE HÄHNCHEN-NUGGETS

300 g Hähnchenbrustfilet
1 ½ EL Mehl
2 Eier
60 g Kokosraspel
Salz
2 EL Rapsöl (ersatzweise Sonnenblumenöl)

SAUERKRAUT: Das Sauerkraut in ein Sieb geben und abtropfen lassen, dabei leicht ausdrücken. Paprika waschen, halbieren, Trennwände und Kerne entfernen und die Hälften in feine Streifen schneiden.

HÄHNCHEN-NUGGETS: Das Hähnchenbrustfilet trocken tupfen und in 3–4 cm große Stücke schneiden. Mehl, Eier und Kokosraspel separat auf tiefe Teller verteilen. Die Eier mit etwas Salz verquirlen. Die Hähnchenstücke zuerst im Mehl wälzen, dann durch das Ei ziehen und anschließend rundherum mit Kokosraspeln panieren.

FERTIGSTELLEN: Kokosmilch, Currypaste und ½ TL Salz in einen Topf geben, aufkochen und gut verrühren. Das Sauerkraut und die Paprikastreifen dazugeben und zugedeckt bei kleiner Hitze köcheln lassen.

Inzwischen das Öl in einer Pfanne erhitzen und die Hähnchenstücke darin bei mittlerer Hitze von beiden Seiten in 4–5 Min. knusprig braun braten.

SERVIEREN: Das Curry-Sauerkraut gut durchrühren, auf zwei Schalen verteilen und mit den Hähnchen-Nuggets servieren.

Für 4 Personen • 30 Min. Zubereitung • 25 Min. Backen • Pro Portion 660 kcal, 39 g E, 36 g F, 44 g KH

HUMMUS-HÄHNCHEN

ORIENT-EXPRESS

1 Blumenkohl (ca. 1 kg)
4 EL Olivenöl
Salz, Pfeffer
½ TL Ras el Hanout (Gewürzmischung, ersatzweise edelsüßes Paprikapulver)
1 Pck. Hummus (200 g; aus dem Kühlregal)
150 g griechischer Joghurt
1 TL Zitronensaft
3 Hähnchenbrustfilets (à ca. 150 g)
4 dünne Fladenbrote (à ca. 60 g; nach Belieben)

1 Ein Backblech mit Backpapier belegen und in den Ofen schieben. Backofen auf 225° vorheizen. Blumenkohl waschen und in sehr kleine Röschen teilen. 3 EL Öl in eine Schüssel geben, mit Salz, Pfeffer und Ras el Hanout würzen. Blumenkohl zugeben und gut mit dem Öl vermischen. Das Backblech aus dem Ofen nehmen und den Blumenkohl darauf verteilen. Im heißen Ofen (Mitte) ca. 25 Min. garen.

2 Inzwischen 80 g Hummus und den Joghurt glatt rühren. Mit Zitronensaft, Salz und Pfeffer abschmecken.

3 In einer Pfanne 1 EL Öl erhitzen. Hähnchenfilets trocken tupfen und im Öl pro Seite 3–4 Min. braten, salzen und pfeffern. Ca. 10 Min. vor Ende der Garzeit das Blech aus dem Ofen nehmen. Die Filets auf dem Gemüse verteilen und mit dem restlichen Hummus (120 g) bestreichen. Alles im Ofen fertig garen. Hähnchen, Blumenkohl, Dip und nach Belieben die Fladenbrote servieren.

Für 4 Personen • 25 Min. Zubereitung • Pro Portion 490 kcal, 40 g E, 13 g F, 57 g KH

BLITZGULASCH MIT GRÜNEN BOHNEN

HERZHAFTER LIEBLING

500 g Schweinefilet
1 Zwiebel
1 EL Rapsöl
1 EL Mehl
1 EL Tomatenmark
2 TL edelsüßes Paprikapulver
1 Dose stückige Tomaten (400 g)
400 g TK-Prinzessbohnen in Stücken
600 g frische Bandnudeln (aus dem Kühlregal)
Salz, Pfeffer
½ TL getrockneter Oregano
½ TL getrockneter Thymian
4 EL Schmand

1 Das Fleisch in ca. 2 cm große Würfel schneiden. Die Zwiebel schälen und fein würfeln. Das Öl in einem Topf erhitzen. Das Fleisch darin rundherum kräftig anbraten. Die Zwiebelwürfel zugeben und kurz mitbraten. Alles mit Mehl bestäuben, unter Rühren kurz anschwitzen. Das Tomatenmark rasch unterrühren. Das Paprikapulver einstreuen. Die Tomaten und 150 ml Wasser zugießen und aufkochen. Die gefrorenen Bohnen zugeben und zugedeckt ca. 10 Min. köcheln lassen. Dabei ab und zu umrühren.

2 Inzwischen für die Nudeln 2 l Wasser im Wasserkocher erhitzen. In einen Topf umfüllen, Salz zugeben und erneut aufkochen. Nudeln darin nach Packungsanweisung garen.

3 Das Gulasch mit Salz, Pfeffer, Oregano und Thymian abschmecken. Die Nudeln abgießen und auf Teller verteilen. Gulasch darauf anrichten, dabei je 1 EL Schmand aufs Gulasch geben.

Für 2 Personen • 30 Min. Zubereitung • Pro Portion ca. 565 kcal, 18 g E, 30 g F, 57 g KH

KASSELER MIT SCHUPFNUDELN UND BOHNEN

KLASSIKER

1 Zwiebel
250 g Kasseler (ohne Knochen)
3 EL Butter
200 g Schupfnudeln (aus dem Kühlregal)
200 g TK-Dicke-Bohnen
200 ml Rinderbrühe
1 TL getrocknetes Bohnenkraut
3 Stängel Petersilie (nach Belieben)
1 EL Speisestärke
50 g Schmand
Salz, Pfeffer

TAUSCH-TIPP
Anstelle der Dicken Bohnen schmecken auch TK-Prinzessbohnen: Einfach auf dieselbe Weise garen.

1 Die Zwiebel schälen und fein würfeln. Das Kasseler erst in ca. 1 cm breite Scheiben schneiden, dann die Scheiben quer zur Faser in ca. 4 cm lange Streifen schneiden. 1 EL Butter in einer großen Pfanne erhitzen. Die Schupfnudeln darin bei mittlerer Hitze ca. 5 Min. rundherum braten, bis sie leicht gebräunt sind. Aus der Pfanne nehmen.

2 Wieder 1 EL Butter in der Pfanne erhitzen. Die Kasselerstreifen darin bei mittlerer Hitze unter Rühren ca. 2 Min. anbraten, dann herausnehmen. Die Zwiebel mit der übrigen Butter (1 EL) in die Pfanne geben und glasig dünsten. Die TK-Bohnen hinzufügen und die Brühe dazugießen, mit Bohnenkraut würzen. Einmal aufkochen lassen, dann die Hitze reduzieren und die Bohnen zugedeckt bei kleiner Hitze ca. 8 Min. garen.

3 Inzwischen, falls verwendet, die Petersilie waschen und trocken schütteln, die Blätter abzupfen und klein hacken. Die Speisestärke in einem Schälchen mit 3 EL Wasser glatt rühren, unter das Bohnengemüse mischen und alles unter Rühren einmal aufkochen lassen. Den Schmand, die Schupfnudeln und das Kasseler dazugeben und vorsichtig untermischen. Alles zugedeckt 1–2 Min. erhitzen. Mit Salz und Pfeffer abschmecken, auf Teller verteilen und mit Petersilie bestreuen.

Für 2 Personen • 30 Min. Zubereitung • Pro Portion ca. 435 kcal, 43 g E, 25 g F, 8 g KH

GORGONZOLA-ROASTBEEF-ROLLS

GUT VORZUBEREITEN

60 g Rucola
1 kleine Stange Staudensellerie ohne Grün (100 g)
1 Frühlingszwiebel
1 kleiner Apfel (100 g)
1 EL Rapsöl
1 EL Apfelessig
Salz
100 g Gorgonzola
200 g Magerquark
8 Scheiben Roastbeef-aufschnitt (ca. 180 g)

1 Den Rucola waschen und trocken schleudern. Sellerie und Frühlingszwiebel putzen, waschen und in feine Würfel bzw. Ringe schneiden. Den Apfel waschen, abtrocknen, vierteln, entkernen und ebenfalls in Würfel schneiden. Sellerie, Frühlingszwiebel und Apfel mit Öl, Essig und ¼ TL Salz gründlich vermischen.

2 Den Gorgonzola grob zerkleinern, mit Quark und ¼ TL Salz in eine Schüssel geben und mit einer Gabel zerdrücken. Alles zu einer glatten Creme verrühren.

3 Die Roastbeefscheiben mit etwas Abstand auf der Arbeitsfläche auslegen, mit je 1 TL Gorgonzolacreme bestreichen, etwas Rucola quer auf das untere Ende legen und das Roastbeef von unten eng aufrollen. Evtl. mit einem Zahnstocher fixieren. Den Apfel-Sellerie-Salat auf zwei Teller verteilen und die Roastbeef-Rolls darauf anrichten. Sofort servieren.

Für 2 Personen • 25 Min. Zubereitung • Pro Portion ca. 610 kcal, 17 g E, 57 g F, 6 g KH

BLUMENKOHL-WÜRSTCHEN-PFANNE

EINFACH

½ Blumenkohl (400 g)
50 g Butter
1 grüne Paprika
200 ml Gemüsebrühe (ersatzweise Fleischbrühe)
250 g grobe Bratwürstchen
Salz

1 Den Blumenkohl waschen, in Röschen teilen und diese längs halbieren. Eine beschichtete Pfanne dick mit Butter ausstreichen und den Kohl hineindrücken. Paprika waschen, halbieren, Trennwände und Kerne entfernen und die Hälften in feine Ringe schneiden. Paprika auf dem Blumenkohl verteilen und die Brühe dazugießen.

2 Den Deckel auflegen und die Brühe in der Pfanne bei großer Hitze aufkochen. Dann den Deckel leicht schräg auflegen und den Blumenkohl 8–10 Min. unter regelmäßigem Rühren dünsten, bis das Wasser verdampft ist und der Kohl beginnt zu rösten.

3 Inzwischen die Bratwürstchen in 1 ½ cm breite Stücke schneiden. Diese in die Pfanne geben, sobald das Wasser verdampft ist. Die Bratwürstchen bei mittlerer Hitze unter gelegentlichem Wenden ca. 5 Min. anbraten. Die Blumenkohl-Würstchen-Pfanne mit Salz abschmecken und servieren.

Für 2 Personen • 25 Min. Zubereitung • Pro Portion ca. 470 kcal, 50 g E, 29 g F, 4 g KH

STEAKPFANNE MIT PAK CHOI UND SPIEGELEI

GLUTENFREI

FÜR DAS FLEISCH

2 Rindersteaks (à ca. 200 g, z. B. Entrecôte)
1 TL Butterschmalz

FÜR GEMÜSE UND EI

300 g Pak Choi
2 Frühlingszwiebeln
½ rote Chilischote
1 EL Olivenöl
Salz, Pfeffer
2 Eier (L)

GUT ZU WISSEN

Nach 3 Min. Stocken ist das Eigelb sehr flüssig und das Eiweiß weich. Fester wird beides nach 6 Min. Stocken. Dem Pak Choi macht das nichts aus, er bleibt trotzdem schön knackig.

VORBEREITEN: Die Steaks aus dem Kühlschrank nehmen, trocken tupfen und Zimmertemperatur annehmen lassen. Den Pak Choi putzen, waschen und längs vierteln. Die Frühlingszwiebeln putzen, waschen und in feine Ringe schneiden. Die Chilischote waschen, halbieren, Trennwände und Kerne entfernen und die Hälften in feine Streifen schneiden.

FLEISCH: Das Butterschmalz in einer großen Pfanne erhitzen. Die Steaks darin bei großer Hitze 3–4 Min. anbraten, dann wenden und nochmals 3–4 Min. braten. Steaks in Alufolie einwickeln und auf einem Teller ruhen lassen.

GEMÜSE UND EI: Das Olivenöl in die Pfanne geben und den Pak Choi darin bei großer Hitze unter gelegentlichem Wenden mit einer Zange ca. 5 Min. scharf anbraten, dann mit Salz und Pfeffer würzen. Die Frühlingszwiebeln (bis auf ein paar zum Garnieren) zugeben und 1 Min. mitbraten. Die Eier auf dem Pak Choi aufschlagen. Die Temperatur auf mittlere Hitze reduzieren, den Deckel auflegen und die Eier in 3 Min. zu Spiegeleiern braten. Anschließend den Herd ausschalten.

FERTIGSTELLEN: Die Steaks aus der Alufolie nehmen und zwischen die Eier auf den Pak Choi legen. Alles salzen, pfeffern, mit Chilistreifen und restlichen Frühlingszwiebeln bestreuen und in der Pfanne servieren.

Für 2 Personen • 30 Min. Zubereitung • Pro Portion ca. 760 kcal, 23 g E, 45 g F, 65 g KH

SCHUPFNUDEL-PFANNE

EINFACH

1 Zwiebel
1 rote Paprika
150 g rohe Bratwurst
2 EL Butter
350 g Schupfnudeln (aus dem Kühlregal)
2 TL rosenscharfes Paprikapulver
2 TL getrockneter Oregano
2 EL Tomatenmark
200 ml Rinderbrühe
Salz, Pfeffer
80 g Schafskäse (Feta)

1 Die Zwiebel schälen und fein würfeln. Die Paprika waschen und vierteln, Trennwände und Kerne entfernen und die Viertel in mundgerechte Streifen schneiden. Die Bratwurst an einem Ende aufschneiden und die Füllung in kleinen Stücken aus der Pelle drücken.

2 1 EL Butter in einer Pfanne erhitzen und die Schupfnudeln darin bei mittlerer Hitze ca. 5 Min. rundherum anbraten, bis sie leicht gebräunt sind, dann herausnehmen.

3 Übrige Butter (1 EL) in der Pfanne zerlassen und die Bratwurst darin ca. 2 Min. anbraten. Zwiebel und Paprika zugeben und andünsten. Mit Paprikapulver bestreuen, Oregano und Tomatenmark unterrühren. Brühe angießen und alles zugedeckt bei kleiner Hitze ca. 5 Min. garen. Mit Salz und Pfeffer abschmecken, Schupfnudeln untermischen und ca. 1 Min. erhitzen. Auf Teller verteilen und den Schafskäse darüberbröseln. Nach Belieben mit Petersilie bestreuen.

Für 2 Personen • 30 Min. Zubereitung • Pro Portion ca. 695 kcal, 50 g E, 30 g F, 53 g KH

GESCHNETZELTES MIT SPÄTZLE

KLASSIKER

300 g Champignons
1 Zwiebel
2 Schweineschnitzel (ca. 300 g)
2 EL Öl
Salz, Pfeffer
300 g Spätzle (aus dem Kühlregal)
2 TL Mehl
1 EL Aceto balsamico
200 ml Rinderbrühe
100 g Schmand
3 Stängel Petersilie

1 Die Champignons putzen und in Scheiben schneiden. Die Zwiebel schälen und klein würfeln. Schnitzel trocken tupfen und quer zur Faser in mundgerechte Streifen schneiden. 1 EL Öl in einer Pfanne erhitzen und die Schnitzelstreifen darin ca. 3 Min. kräftig anbraten. Mit Salz und Pfeffer würzen, dann herausnehmen.

2 In einem Topf 1 l Wasser aufkochen und salzen. Die Spätzle darin nach Packungsanweisung garen. Die Pfanne auswischen. Das übrige Öl (1 EL) erhitzen und Champignons und Zwiebel darin goldbraun braten, salzen und pfeffern. Mehl darüberstreuen, Essig und Brühe zugießen und aufkochen. Schmand unterrühren, Fleisch zugeben und heiß werden lassen. Alles mit Salz und Pfeffer abschmecken.

3 Petersilie waschen, trocken schütteln, Blätter abzupfen und klein hacken. Spätzle in ein Sieb abgießen, abtropfen lassen und mit dem Geschnetzelten auf Tellern anrichten. Mit Petersilie bestreuen.

Für 2 Personen • 20 Min. Zubereitung • Pro Portion ca. 485 kcal, 47 g E, 27 g F, 10 g KH

PARMESAN-SCHNITZEL AUF TOMATEN-RUCOLA-GEMÜSE

ITALIENISCH

FÜR DIE SCHNITZEL

4 Minutensteaks vom Schwein (ca. 300 g)
25 g Mehl
40 g Parmesan
1 Ei (L)
1 EL Olivenöl
Salz, Pfeffer

FÜR DAS GEMÜSE

1 rote Zwiebel
60 g Rucola
300 g Kirschtomaten
1 EL Olivenöl
2 EL Aceto balsamico
Salz, Pfeffer

VORBEREITEN: Die Minutensteaks aus dem Kühlschrank nehmen, gut trocken tupfen und Zimmertemperatur annehmen lassen. Inzwischen das Mehl in einen tiefen Teller geben. Den Parmesan reiben und mit dem Ei in einen zweiten tiefen Teller geben. Gründlich miteinander verquirlen.

GEMÜSE: Die Zwiebel schälen, halbieren und in Streifen schneiden. Rucola waschen, trocken schleudern und grob zerzupfen. Tomaten waschen und trocken tupfen. Das Öl in einem Topf erhitzen, Tomaten zugeben und bei großer Hitze unter gelegentlichem Rühren ca. 3 Min. scharf anbraten. Zwiebelstreifen dazugeben und bei mittlerer Hitze 2–3 Min. schmoren. Das Gemüse mit Aceto balsamico ablöschen, salzen und pfeffern und bei kleiner Hitze warm halten.

SCHNITZEL: Die Minutensteaks erst im Mehl, dann in der Ei-Parmesan-Mischung gründlich wenden, sodass sie von der Panade komplett umhüllt sind. Das Öl in einer beschichteten Pfanne erhitzen und die Schnitzel darin bei mittlerer Hitze ca. 3 Min. pro Seite braten.

FERTIGSTELLEN: Den Rucola auf zwei Teller verteilen und die Tomaten-Zwiebel-Mischung daraufgeben. Je 2 Schnitzel daneben anrichten, salzen, pfeffern und servieren.

POKÉ BOWL MIT BLUMENKOHLREIS

GUT VORZUBEREITEN

Für 2 Personen • 30 Min. Zubereitung • Pro Portion ca. 505 kcal, 40 g E, 31 g F, 16 g KH

FÜR DEN BLUMENKOHLREIS
½ Blumenkohl (400 g)
Salz

FÜR DAS TOPPING
300 g Lachsfilet (in Sushi-Qualität)
1 EL geröstetes Sesamöl
1 kleiner Zucchino (ca. 150 g)
⅓ Salatgurke (ca. 150 g)
2 EL Sojasauce
60 g Radieschen

FÜR DIE SAUCE
2 Knoblauchzehen
200 g Joghurt
Salz

BLUMENKOHLREIS: Den Blumenkohl waschen und die Röschen grob klein schneiden. Dann portionsweise im Blitzhacker auf Reiskorngröße zerkleinern (Bild 1). Den Blumenkohlreis in ein Metallsieb geben.

Einen Topf zu einem Drittel mit Wasser befüllen und dieses aufkochen. 1 TL Salz zugeben, das Sieb darüberhängen und einen Deckel auflegen (Bild 2). Den Blumenkohl bei mittlerer Hitze in 8–9 Min. bissfest dämpfen.

TOPPING: Inzwischen den Lachs trocken tupfen. In 1 cm große Würfel schneiden und in einer Schüssel mit dem Sesamöl mischen (Bild 3). Zucchino und Gurke putzen, waschen und mit dem Sparschäler längs in Streifen schneiden. Die Gemüsestreifen mit der Sojasauce in einer zweiten Schüssel vermengen (Bild 4). Radieschen putzen, waschen und je nach Größe vierteln oder achteln.

SAUCE: Den Knoblauch schälen, durch die Presse drücken und mit dem Joghurt mischen (Bild 5). Mit Salz abschmecken.

ANRICHTEN: Den Blumenkohlreis auf zwei tiefe Teller verteilen, Zucchini, Gurke und Radieschen darauf anrichten. Den Fisch dazugeben und die Sauce extra dazu servieren (Bild 6).

GU
CLOU

Ihnen sind rohe Radieschen zu scharf? Kein Problem, einfach halbieren und in einer Pfanne in etwas Öl auf der Schnittfläche anbraten. Das gibt schöne Röstaromen und die Schärfe verschwindet.

Für 2 Personen • 25 Min. Zubereitung • Pro Portion ca. 655 kcal, 39 g E, 30 g F, 56 g KH

FISCH MIT ERBSENPÜREE

EINFACH

500 g mehligkochende Kartoffeln
Salz
200 g TK-Erbsen
1 Bio-Zitrone
2 Fischfilets (à ca. 180 g, ohne Haut, z. B. Rotbarsch oder Seelachs)
2 EL Mehl
Pfeffer
1 EL Sonnenblumenöl
50 ml Milch
2 EL Butter
frisch geriebene Muskatnuss

1 Für das Püree die Kartoffeln schälen, waschen und in grobe Stücke schneiden. In Salzwasser zugedeckt ca. 15 Min. kochen. Die gefrorenen Erbsen dazugeben und das Gemüse bei kleiner Hitze ca. 3 Min. garen, danach abgießen.

2 Inzwischen die Zitrone heiß waschen und abtrocknen, 1 TL Schale abreiben und 2 EL Saft auspressen. Die Fischfilets trocken tupfen. Das Mehl mit je ½ TL Salz und Pfeffer mischen. Die Fischfilets vorsichtig in der Mehlmischung wenden. Das Öl in einer Pfanne erhitzen und die Fischfilets darin bei mittlerer Hitze ca. 3 Min. braten. Wenden und in weiteren 3 Min. fertig braten.

3 Inzwischen Kartoffeln und Erbsen mit einem Kartoffelstampfer zerdrücken. Milch und Butter in einem Topf erhitzen und die Kartoffel-Erbsen-Mischung unterrühren. Das Püree mit Salz, Muskat, Zitronensaft und -schale abschmecken und zum Fisch servieren.

Für 2 Personen • 25 Min. Zubereitung • Pro Portion ca. 595 kcal, 40 g E, 45 g F, 8 g KH

FISCH-SALTIMBOCCA MIT SPINAT

LOW CARB

1 Zwiebel
1 Knoblauchzehe
2 EL Butter
300 g TK-Blattspinat
100 g Sahne
2 Fischfilets (je ca. 180 g, ohne Haut, z. B. Rotbarsch oder Seelachs)
6 Salbeiblätter
Pfeffer
6 Scheiben luftgetrockneter Schinken (z. B. Parma- oder Serranoschinken)
½ Bio-Zitrone
Salz

1 Zwiebel und Knoblauch schälen und fein würfeln. 1 EL Butter in einem Topf zerlassen und beides darin bei mittlerer Hitze andünsten. Den Spinat und 50 ml Wasser zugeben, alles zugedeckt ca. 8 Min. garen. Die Sahne zugießen und ca. 1 Min. weitergaren. Inzwischen die Fischfilets trocken tupfen und in 6 gleich große Stücke schneiden. Salbeiblätter abreiben. Fischstücke pfeffern und mit je 1 Salbeiblatt belegen. Je 1 Scheibe Schinken um die Fischstücke wickeln.

2 Die übrige Butter (1 EL) in einer Pfanne zerlassen. Die Fischpäckchen mit der Schinken-Nahtstelle nach unten darin bei mittlerer Hitze ca. 3 Min. braten. Wenden und in ca. 3 Min. fertig braten. Vom Herd nehmen und zugedeckt ca. 1 Min. ziehen lassen.

3 Die Zitrone heiß waschen, abtrocknen und in Spalten schneiden. Den Spinat mit Salz und Pfeffer abschmecken und mit dem Fisch-Saltimbocca servieren. Die Zitronenspalten dazu reichen.

Für 2 Personen • 15 Min. Zubereitung • Pro Portion ca. 480 kcal, 53 g E, 27 g F, 6 g KH

KABELJAU-SALTIMBOCCA MIT TOMATEN

LOW CARB UND LEICHT

350 g Kabeljaufilet
Pfeffer
8 Salbeiblätter
8 dünne Scheiben luftgetrockneter Schinken (z. B. Parma- oder Serranoschinken)
2 EL Olivenöl
250 g Kirschtomaten
2 Knoblauchzehen
4 Zweige Thymian
1 EL Butter
4 TL Aceto balsamico
Salz

GUT ZU WISSEN
Sie brauchen den Schinken nicht mit Holzstäbchen am Fischfilet zu fixieren. Es genügt, wenn Sie die Päckchen mit der offenen Seite nach unten zuerst anbraten. Dadurch »verschmelzen« die Enden der Schinkenscheiben.

1 Das Fischfilet trocken tupfen und in insgesamt 8 gleich große Stücke schneiden. Mit Pfeffer würzen und mit je 1 Salbeiblatt belegen. Jedes Fischstück mit 1 Scheibe Parmaschinken umwickeln, sodass die Enden unten liegen.

2 Das Öl in einer großen beschichteten Pfanne erhitzen. Die Fisch-Saltimbocca darin zuerst mit der offenen Schinkenseite nach unten scharf anbraten, dann die Hitze reduzieren und die Saltimbocca bei mittlerer Hitze 3–4 Min. weiterbraten.

3 Inzwischen die Kirschtomaten waschen und abtrocknen. Den Knoblauch schälen und in dünne Scheiben schneiden. Den Thymian waschen und trocken schütteln.

4 Die Fischstücke wenden. Die Butter in der Pfanne erhitzen. Kirschtomaten, Thymian und Knoblauch in die Pfanne geben und 2–3 Min. mitbraten. Alles mit dem Essig ablöschen, kräftig mit Salz und Pfeffer würzen. Die Fisch-Saltimbocca und das Tomatengemüse auf Tellern anrichten und sofort servieren. Dazu schmeckt Ciabatta oder Stangenweißbrot.

Für 2 Personen • 20 Min. Zubereitung • Pro Portion ca. 855 kcal, 40 g E, 48 g F, 64 g KH

SPITZKOHL-GNOCCHI-PFANNE MIT LACHS

SAFTIG UND SAHNIG

400 g Spitzkohl
2 EL Öl
300 g Gnocchi (aus dem Kühlregal)
100 g Sahne
100 ml Hühnerbrühe
Salz, Pfeffer
Zucker
2 TL Zitronensaft
200 g Stremellachs (siehe Tipp)
2 EL körniger Senf
½ Kästchen Kresse

TIPP
Stremellachs ist ein Zeitsparhit. Er wird durch Heißräuchern haltbar gemacht, muss also nicht gebraten werden. Wenn er nicht zu bekommen ist, können Sie alternativ 160 g Räucherlachs nehmen. In Streifen schneiden und unter die Gnocchi heben.

1 Den Spitzkohl putzen, waschen und den Strunk entfernen. Den Kohl quer in fingerdicke Streifen schneiden.

2 Das Öl in einer beschichteten Pfanne erhitzen. Die Gnocchi darin bei mittlerer Hitze unter gelegentlichem Wenden in 2–3 Min. rundherum goldbraun anbraten. Den Spitzkohl dazugeben und ca. 2 Min. mitbraten.

3 Sahne und Brühe dazugießen und alles mit Salz, Pfeffer, 1 großen Prise Zucker und dem Zitronensaft würzen. Dann bei mittlerer Hitze ca. 3 Min. köcheln lassen.

4 Inzwischen den Stremellachs von der Haut befreien und in Stücke zupfen. Den Senf unter die Spitzkohl-Gnocchi rühren, dann die Lachsstücke dazugeben. Mit Salz und Pfeffer abschmecken.

5 Die Gnocchi-Spitzkohl-Pfanne auf zwei tiefe Teller verteilen, die Kresse abschneiden und daraufstreuen. Sofort genießen.

Für 2 Personen • 20 Min. Zubereitung • Pro Portion ca. 580 kcal, 23 g E, 22 g F, 71 g KH

NUDELN MIT FLUSSKREBSEN

MIT SCHÄRFEKICK

Salz
200 g Linguine (ersatzweise Spaghetti)
1 rote Chilischote
2 Knoblauchzehen
8 Bärlauchblätter (ersatzweise 1 Bund Schnittlauch)
160 g Flusskrebsschwänze (aus dem Kühlregal)
4 EL Olivenöl
Pfeffer

1 Für die Nudeln in einem Topf reichlich Wasser aufkochen und salzen. Die Linguine darin nach Packungsanweisung bissfest garen.

2 Inzwischen die Chilischote waschen, vom Stiel befreien und samt Kernen schräg in Ringe schneiden. Knoblauch schälen und in dünne Scheiben schneiden. Bärlauchblätter waschen, grobe Stiele entfernen und die Blätter in feine Streifen schneiden. Die Flusskrebse in einem Sieb kurz abbrausen und abtropfen lassen.

3 Das Öl in einer beschichteten Pfanne erhitzen, Chili und Knoblauch darin bei kleiner Hitze ca. 2 Min. braten. Bärlauch dazugeben und kurz unterrühren. Die Nudeln abgießen, dabei 6 EL Kochwasser auffangen. Beides mit den Flusskrebsen in die Pfanne geben und kurz vermischen. Mit Salz und Pfeffer würzen, auf zwei Schüsseln oder Teller verteilen und servieren.

Für 2 Personen • 20 Min. Zubereitung • Pro Portion ca. 710 kcal, 27 g E, 31 g F, 76 g KH

PILZ-SCHINKEN-NUDELN

FRISCH MIT RICOTTA

Salz
200 g Mini-Penne
200 g Kräuterseitlinge (ersatzweise Champignons)
150 g Kirschtomaten
4 Stängel Basilikum
4 EL Olivenöl
80 g rohe Schinkenwürfel (aus dem Kühlregal)
Pfeffer
3 TL Zitronensaft
4 EL Ricotta

1 Für die Nudeln in einem Topf reichlich Wasser aufkochen und salzen. Die Penne darin nach Packungsanweisung bissfest garen.

2 Inzwischen die Kräuterseitlinge putzen, größere Pilze längs halbieren, dann in dünne Streifen schneiden. Kirschtomaten waschen und vierteln. Basilikum waschen und trocken schütteln, die Blätter abzupfen und grob zerteilen.

3 Das Öl in einer beschichteten Pfanne erhitzen und die Kräuterseitlinge darin bei mittlerer Hitze unter Wenden ca. 3 Min. anbraten. Die Schinkenwürfel dazugeben und kurz mitbraten. Mit Salz, Pfeffer und etwas Zitronensaft würzen. Die Nudeln abgießen, dabei 10 EL Kochwasser auffangen. Nudeln und Kochwasser mit den Tomaten und dem Basilikum unter die Pilze mischen. Mit Salz und Pfeffer abschmecken. Auf zwei Teller verteilen und den Ricotta in Flöckchen daraufgeben.

Für 2 Personen • 20 Min. Zubereitung • Pro Portion ca. 740 kcal, 57 g E, 27 g F, 65 g KH

DORADENFILET MIT MÖHREN-WEIZEN-RISOTTO

ITALIENISCH INSPIRIERT

4 EL Olivenöl
1 Zwiebel
140 g Zartweizen (z. B. Ebly)
250 ml Hühnerbrühe
200 ml Möhrensaft
100 g Zuckerschoten
4 Doradenfilets mit Haut (à ca. 100 g; ersatzweise Zanderfilets)
Salz, Pfeffer
100 g TK-Erbsen
2 EL TK-Petersilie
30 g italienischer Hartkäse (z. B. Grana padano)

1 In einem kleinen Topf 2 EL Olivenöl erhitzen. Die Zwiebel schälen, fein würfeln und mit dem Weizen im heißen Öl bei mittlerer Hitze 1–2 Min. andünsten. Brühe und Möhrensaft dazugießen, aufkochen und den Weizen offen bei mittlerer Hitze unter gelegentlichem Rühren in 10–12 Min. garen.

2 Inzwischen die Zuckerschoten waschen und schräg halbieren. Die Doradenfilets trocken tupfen, salzen und pfeffern.

3 Das übrige Öl (2 EL) in einer großen beschichteten Pfanne erhitzen. Die Fischfilets mit der Hautseite nach unten hineinlegen und bei mittlerer bis großer Hitze ca. 2 Min. braten, bis die Haut kross und goldbraun ist. Die Filets wenden und bei kleiner Hitze in ca. 2 Min. fertig braten.

4 Ca. 3 Min. vor Ende der Weizengarzeit Zuckerschoten, Erbsen und Petersilie dazugeben, untermischen und zugedeckt mitgaren. Den Risotto mit Salz und Pfeffer abschmecken und den Käse darüberreiben. Den Risotto auf zwei Teller verteilen und die Fischfilets darauf anrichten.

TIPP
Mit Knoblauch und Thymian wird's mediterran: 1 Knoblauchzehe schälen und halbieren, mit 3 Zweigen Thymian nach der Hälfte der Bratzeit zu den Fischfilets in die Pfanne legen. Wie im Rezept beschrieben bei kleiner Hitze fertig garen.

Für 2 Personen • 25 Min. Zubereitung • Pro Portion ca. 450 kcal, 30 g E, 32 g F, 10 g KH

LACHS AUF GURKEN-APFEL-SALAT

SOMMER-REZEPT

300 g Lachsfilet mit Haut
2 kleine säuerliche Äpfel (200 g)
½ Salatgurke (200 g)
1 Stängel Minze
1 kleine rote Zwiebel
2 EL Olivenöl
2 EL Apfelessig
Salz, Pfeffer

AUSSERDEM

Apfelausstecher

1 Das Lachsfilet trocken tupfen und in 2 gleich große Stücke schneiden. Die Äpfel und die Gurkenhälfte waschen. Die ganzen Äpfel mit dem Apfelausstecher entkernen und auf dem Gemüsehobel in feine Scheiben hobeln. Die Gurke ebenso hobeln. Apfel- und Gurkenscheiben abwechselnd dachziegelartig auf zwei Teller verteilen.

2 Die Minze waschen und trocken schütteln, die Blätter abzupfen und in feine Streifen schneiden. Die Zwiebel schälen, halbieren und in feine Streifen schneiden.

3 Je 1 EL Öl in zwei Pfannen erhitzen. Das Lachsfilet (mit der Hautseite zuerst) bei mittlerer Hitze 3–4 Min. pro Seite braten. Zwiebel in der zweiten Pfanne 1–2 Min. bei mittlerer Hitze andünsten, mit Essig ablöschen und mit Salz und Pfeffer würzen. Die Zwiebelstreifen auf der Gurken-Apfel-Mischung verteilen. Je 1 Lachsfilet daraufsetzen, salzen, pfeffern und mit der Minze bestreut servieren.

Für 2 Personen • 25 Min. Zubereitung • 2 Std. Auftauen • Pro Portion ca. 480 kcal, 31 g E, 36 g F, 8 g KH

ZOODLES MIT GARNELEN

GLUTENFREI

250 g küchenfertige TK-Garnelen
2 Zucchini (400 g)
½ kleine Stange Lauch (75 g)
2 Knoblauchzehen
2 EL Olivenöl
100 g Sahne
60 g Parmesan
Salz, Pfeffer

AUSSERDEM
Spiralschneider

1 Die Garnelen in ein Sieb geben, mit kaltem Wasser abbrausen und 2 Std. bei Zimmertemperatur oder alternativ über Nacht im Kühlschrank auftauen lassen.

2 Die Zucchini putzen, waschen und mit einem Spiralschneider zu »Spaghetti« schneiden. Den Lauch putzen, längs halbieren, gründlich waschen und in feine Ringe schneiden. Den Knoblauch schälen und in feine Scheiben hobeln. Die Garnelen trocken tupfen.

3 Das Öl in einer Pfanne erhitzen und die Garnelen darin ca. 1 Min. scharf anbraten. Lauch und Knoblauch dazugeben und ca. 2 Min. mitbraten. Die Zucchini hinzufügen und ca. 2 Min. unter vorsichtigem Wenden mitbraten. Alles mit der Sahne ablöschen und einmal aufkochen. Den Parmesan reiben und unterrühren. Die Garnelen-Zoodles mit Salz und Pfeffer abschmecken, auf Teller verteilen und servieren.

Für 2 Personen • 25 Min. Zubereitung • Pro Portion ca. 610 kcal, 35 g E, 39 g F, 31 g KH

SPICY LACHS AUF MÖHREN-FENCHEL-GEMÜSE

SCHARF

1 Knoblauchzehe
400 g Fenchel
2 große Möhren (ca. 200 g)
1 Bio-Orange
3 EL Olivenöl
Salz, Pfeffer aus der Mühle
2 EL Zitronensaft
2 EL flüssiger Honig
1 TL Chiliflocken
2 Lachsfilets (à ca. 160 g)

1 Den Knoblauch schälen und in dünne Scheiben schneiden. Den Fenchel putzen und waschen, das Fenchelgrün waschen, trocken tupfen, klein hacken und beiseitelegen. Die Fenchelknollen längs halbieren und den harten Strunk herausschneiden. Die Hälften längs in schmale Streifen schneiden. Die Möhren putzen, schälen und schräg in dünne Scheiben schneiden. Die Orange heiß waschen und trocken tupfen, 1 TL Schale abreiben und 100 ml Saft auspressen.

2 In einer Pfanne 2 EL Öl erhitzen. Knoblauch, Fenchel und Möhren darin bei mittlerer Hitze ca. 1 Min. andünsten. Orangensaft und -schale dazugeben und alles ca. 10 Min. zugedeckt dünsten. Mit Salz und Pfeffer würzen.

3 Inzwischen den Zitronensaft mit dem Honig verrühren, mit grob gemahlenem Pfeffer und Chiliflocken würzen. Die Lachsfilets trocken tupfen und salzen. Das übrige Öl (1 EL) in einer Pfanne erhitzen und die Fischfilets darin bei mittlerer Hitze ca. 3 Min. braten. Wenden und in ca. 3 Min. fertig braten.

4 Den Fisch in der Pfanne mit der Honig-Chili-Marinade bestreichen, dabei die Fischfilets mehrmals wenden und immer wieder mit Marinade beträufeln, sodass sie vollständig davon überzogen sind. Die Lachsfilets mit dem Möhren-Fenchel-Gemüse auf Tellern anrichten, mit der übrigen Marinade beträufeln und mit dem Fenchelgrün bestreuen.

Für 4 Personen • 30 Min. Zubereitung • Pro Portion 580 kcal, 34 g E, 17 g F, 71 g KH

BACKFISCH MIT GNOCCHI-SALAT

AUSSEN KNUSPRIG, INNEN SAFTIG

FÜR DEN FISCH

2 Eigelb
Salz
100 ml Milch
60 ml Mineralwasser mit Kohlensäure
1 TL Zitronensaft
120 g Mehl
1 TL Backpulver
500 g Kabeljaufilet
Pfeffer
ca. 400 ml Öl zum Ausbacken

FÜR DEN SALAT

500 g frische Gnocchi (aus dem Kühlregal)
Salz
1 kleine Salatgurke (ca. 300 g)
1 Bund Radieschen
50 g Rucola
100 g Crème fraîche
50 g Buttermilch
Pfeffer
1 Bund Schnittlauch

FISCH: Die Eigelbe mit ¾ TL Salz, Milch, Mineralwasser und Zitronensaft verquirlen. Mehl und Backpulver mischen und gut unterrühren. Den Teig kurz quellen lassen.

SALAT: Die Gnocchi nach Packungsanweisung in Salzwasser garen. Die Gurke und die Radieschen putzen und waschen. Die Gurke längs halbieren, die Kerne mit einem Löffel herauslösen und das Fruchtfleisch in dünne Scheiben schneiden. Die Radieschen in dünne Scheiben schneiden oder hobeln. Den Rucola waschen, trocken schütteln und grob hacken, dabei harte Stiele entfernen.

Crème fraîche und Buttermilch in einer großen Schüssel glatt rühren, salzen und pfeffern. Den Schnittlauch waschen, trocken schütteln und in Röllchen schneiden.

Die Gnocchi abgießen und kurz abkühlen lassen. Mit den vorbereiteten Salatzutaten zum Dressing geben und alles gut vermischen.

FERTIGSTELLEN: Den Fisch trocken tupfen, in 5–6 cm große Stücke schneiden und mit Salz und Pfeffer würzen. Das Öl in einem großen Topf oder einer Pfanne mit hohem Rand erhitzen. Sobald es heiß genug ist, die Fischstücke portionsweise durch den Teig ziehen und im Öl in 3–4 Min. goldbraun ausbacken. Dabei einmal wenden. Auf Küchenpapier entfetten und mit dem Salat servieren.

HAUPTGERICHTE VEGETARISCH & VEGAN

Expressküche ohne Fleisch und Fisch – diese Veggie-Gerichte lassen sich perfekt in den Alltag integrieren. Ob Röst-Blumenkohl mit Tomaten, Balsamico-Linsen mit Kürbis, Käsespätzle-Rösti, Kohlrabischnitzel mit Avocadodip oder Portobello-Burger – für Geschmacksnerven-Tanz im Mund und Glücksgefühle im Bauch sorgen sie obendrein!

Für 2 Personen • 25 Min. Zubereitung • Pro Portion ca. 670 kcal, 28 g E, 23 g F, 83 g KH

SPINAT-TOMATEN-PASTA

AUS DEM VORRAT

Salz
200 g Bandnudeln (z. B. Tagliatelle oder Fettuccine)
20 g Pinienkerne
1 Zwiebel
1 Knoblauchzehe
60 g getrocknete Tomaten (in Öl)
200 g TK-Blattspinat
150 ml Gemüsebrühe
40 g Parmesan
60 g Frischkäse
Pfeffer

1 In einem großen Topf 2 l Wasser mit etwas Salz zum Kochen bringen und die Nudeln darin nach Packungsanweisung al dente garen.

2 Inzwischen die Pinienkerne in einer Pfanne ohne Fett hellbraun rösten, dann herausnehmen. Zwiebel und Knoblauch schälen und in feine Würfel schneiden. Die Tomaten in einem Sieb abtropfen lassen, dabei 1 EL Tomatenöl auffangen. Die Tomaten in Streifen schneiden.

3 Das aufgefangene Tomatenöl in einem Topf erhitzen. Die Zwiebel, den Knoblauch und die Tomatenstreifen darin bei mittlerer Hitze andünsten. Den gefrorenen Spinat dazugeben und die Brühe angießen. Alles aufkochen und zugedeckt ca. 10 Min. köcheln lassen, bis der Spinat aufgetaut ist.

4 Inzwischen den Parmesan mit einem Sparschäler in Späne hobeln. Den Frischkäse in die Sauce rühren, mit Salz und Pfeffer abschmecken. Die Nudeln in ein Sieb abgießen und tropfnass dazugeben. Nudeln und Sauce gut vermischen. Die Pasta auf zwei Teller verteilen und mit Parmesan und Pinienkernen bestreuen.

Für 2 Personen • 25 Min. Zubereitung • Pro Portion ca. 690 kcal, 17 g E, 40 g F, 64 g KH

ASIA-POLENTA MIT KOKOSMILCH UND PILZEN

PIKANT

250 g kleine braune Champignons
3 Knoblauchzehen
1 Stück Ingwer (ca. 4 cm)
2 Frühlingszwiebeln
2 EL Öl
2 TL Chiliflocken
125 g Instant-Polenta (Maisgrieß)
300 g Kokosmilch
Salz, Pfeffer
1 Zwiebel
2 EL Sojasauce

TIPP
Noch Kokosmilch übrig? Dann einfach im Eiswürfelbehälter gefrieren lassen: Schmeckt im Eiskaffee oder im Smoothie und eignet sich außerdem zum Verfeinern von Currys.

1 Die Champignons putzen, mit Küchenpapier sauber reiben und längs vierteln. Knoblauch und Ingwer schälen und beides sehr fein würfeln. Die Frühlingszwiebeln putzen, waschen und mitsamt Grün schräg in ca. 3 cm große Stücke schneiden.

2 In einem Topf 1 EL Öl erhitzen. Jeweils die Hälfte von Knoblauch und Ingwer darin bei mittlerer Hitze ca. 1 Min. andünsten. 1 TL Chiliflocken unterrühren. Die Polenta dazugeben und unter Rühren kurz andünsten. Dann 300 ml Wasser und die Kokosmilch dazugießen und zum Kochen bringen. Alles mit Salz und Pfeffer würzen und die Polenta zugedeckt bei kleiner Hitze ca. 5 Min. ausquellen lassen, sodass sie noch leicht cremig ist.

3 Inzwischen die Zwiebel schälen, halbieren und in schmale Streifen schneiden. Das restliche Öl (1 EL) in einer Pfanne erhitzen. Zwiebel, übrigen Knoblauch und Ingwer darin bei mittlerer Hitze ca. 1 Min. andünsten. Dann die restlichen Chiliflocken (1 TL) unterrühren, die Pilze und die Frühlingszwiebeln dazugeben und alles ca. 3 Min. weiterbraten. Die Sojasauce unterrühren, mit Salz und Pfeffer würzen. Die Polenta auf Teller verteilen und mit dem Pilzgemüse anrichten.

Für 2 Personen • 30 Min. Zubereitung • Pro Portion ca. 470 kcal, 27 g E, 38 g F, 6 g KH

BLUMENKOHL MIT TOMATEN

EINFACH

1 kleiner Blumenkohl (ca. 650 g)
3 EL Olivenöl
Salz
1 TL getrockneter Oregano (ersatzweise 4 Stängel Oregano)
150 g Kirschtomaten
200 g Ziegenfrischkäse (Rolle)
Pfeffer

1 Den Backofen auf 240° vorheizen. Den Blumenkohl waschen, in große Röschen teilen und diese längs halbieren. Die halbierten Röschen auf ein mit Backpapier ausgelegtes Backblech legen. Olivenöl, ½ TL Salz und Oregano mischen und den Blumenkohl damit bestreichen. Das Blech in den heißen Ofen (Mitte) schieben und die Blumenkohlröschen ca. 20 Min. rösten. Nach 10 Min. einmal wenden.

2 Inzwischen die Tomaten waschen und abtrocknen. Den Ziegenkäse in ½ cm dicke Scheiben schneiden. Nach 20 Min. Backzeit die Tomaten zwischen den Blumenkohlscheiben verteilen. Diese mit Ziegenkäse belegen und alles weitere 5 Min. in den Ofen geben.

3 Blumenkohl, Ziegenkäse und Tomaten auf zwei Teller verteilen und mit Pfeffer bestreut servieren.

Für 2 Personen • 25 Min. Zubereitung • Pro Portion ca. 785 kcal, 28 g E, 66 g F, 25 g KH

OFENKÄSE MIT PEKANNÜSSEN

HERBST-REZEPT

½ kleiner Hokkaido-Kürbis (ca. 300 g)
1 EL Olivenöl
320 g Ofenkäse in der Holzschachtel (ersatzweise Camembert)
1 Zweig Rosmarin
25 g Pekannusskerne
Salz, Pfeffer

1 Den Ofen auf 220° vorheizen. Den Kürbis waschen, halbieren, entkernen und in 1 cm breite Spalten schneiden. Diese nochmals quer halbieren, mit dem Öl in eine Schüssel geben und gründlich vermengen. Kürbisstücke auf einem mit Backpapier belegten Backblech verteilen.

2 Den Käse aus der Packung nehmen und in der Holzschachtel mit auf das Blech stellen. Kürbis und Käse im heißen Ofen (Mitte) ca. 10 Min. backen.

3 Inzwischen den Rosmarin waschen und trocken schütteln, die Nadeln abzupfen und fein hacken. Die Nüsse ebenfalls klein hacken. Nach 10 Min. den Käse kreuzweise einschneiden und die Ecken nach außen klappen. Nüsse und Rosmarin in die Mitte des Käses geben. Kürbis und Käse im Ofen (oben) in weiteren 10 Min. fertig backen. Die Kürbisstücke salzen und pfeffern und zum Käse servieren.

Für 2 Personen • 20 Min. Zubereitung • Pro Portion ca. 875 kcal, 20 g E, 69 g F, 41 g KH

GEBRATENE AVOCADOS MIT COUSCOUS

AROMATISCH

200 ml Gemüsebrühe
100 g Couscous
2 reife Avocados
3 EL Olivenöl
2 Tomaten
2 Schalotten
3 Stängel Petersilie
2 EL Weißweinessig
1 EL Zitronensaft
Salz, Pfeffer
100 g Schafskäse (Feta)

TIPP
Für noch mehr Röstaromen kann man die Avocado in Stücke geschnitten braten.

1 Die Brühe aufkochen, den Couscous in einer Schüssel damit übergießen und zugedeckt ca. 5 Min. quellen lassen, bis die gesamte Flüssigkeit aufgesogen ist. Couscous zugedeckt warm halten. Avocados halbieren und Kerne entfernen.

2 In einer beschichteten Pfanne 1 EL Öl erhitzen und die Avocadohälften darin mit der Schnittfläche nach unten zugedeckt bei kleiner Hitze ca. 13 Min. braten, bis die Schnittflächen leicht gebräunt und die Avocados heiß sind.

3 Inzwischen Tomaten waschen, vierteln und ohne die Stielansätze klein würfeln. Schalotten schälen und fein würfeln. Petersilie waschen und trocken schütteln, Blätter abzupfen und klein hacken. Übriges Öl (2 EL) mit Essig, Zitronensaft und Petersilie zu einem Dressing verrühren, mit Salz und Pfeffer würzen. Couscous mit einer Gabel auflockern, mit Tomaten und Schalotten mischen und das Dressing unterrühren. Avocados salzen und mit dem Couscous füllen, restlichen Couscous dazu servieren. Den Feta darüberbröseln.

Für 4 Personen • 30 Min. Zubereitung • 20 Min. Backen • Pro Portion ca. 490 kcal, 15 g E, 24 g F, 51 g KH

GEFÜLLTE SPITZPAPRIKA MIT GRÜNKERN

PERFEKTER SOMMER-LUNCH

1 Zwiebel
1 Knoblauchzehe
1 EL Olivenöl
200 g Grünkernschrot
350 ml Gemüsebrühe
20 g Pinienkerne
4 große Spitzpaprika (rote und grüne; ca. 500 g)
50 g schwarze Oliven
100 g cremiger Schafskäse (Feta)
1 TL getrockneter Thymian
Salz, Pfeffer
5 Stängel Minze
300 g griechischer Sahnejoghurt
½ TL Pul biber (scharfe Paprikaflocken)
Öl für das Blech

1 Zwiebel und Knoblauch schälen und fein würfeln. Das Öl in einem Topf erhitzen und beides darin bei mittlerer Hitze glasig dünsten. Den Grünkernschrot einrühren, die Brühe dazugießen und aufkochen. Den Grünkernschrot zugedeckt bei kleiner Hitze ca. 10 Min. quellen lassen.

2 Inzwischen den Backofen auf 180° vorheizen. Die Pinienkerne in einer Pfanne ohne Fett goldbraun rösten. Auf einem Teller abkühlen lassen. Paprika waschen, längs halbieren, Trennwände und Kerne entfernen. Die Oliven entsteinen und in grobe Stücke schneiden. Den Feta fein würfeln.

3 Pinienkerne, Oliven und Feta unter die Grünkernmasse heben. Mit Thymian, Salz und Pfeffer würzen. Die Paprikahälften bis zum Rand mit der Grünkernmasse füllen. Die Fettpfanne des Ofens oder einen flachen Bräter leicht ölen, die gefüllten Schoten nebeneinander hineinsetzen und im heißen Ofen (Mitte) 15–20 Min. backen.

4 Inzwischen die Minze abbrausen und trocken schütteln, Blätter abzupfen und hacken. Den Joghurt glatt rühren, Minze, Pul biber und Salz unterrühren. Den Dip zu den Paprika servieren.

TIPP

Für gefüllte Gemüsepaprika vor dem Füllen einen flachen Deckel abschneiden. Da die runden Schoten eine dickere Schale haben, brauchen sie im Ofen 10–15 Min. länger.

Für 2 Personen • 25 Min. Zubereitung • Pro Portion ca. 270 kcal, 15 g E, 12 g F, 23 g KH

SHAKSHUKA

AUS ISRAEL

1 Zwiebel
1 Knoblauchzehe
1 rote Paprika
1 kleine Dose Kidneybohnen (125 g Abtropfgewicht)
1 EL Olivenöl
1 TL edelsüßes Paprikapulver
½ TL gemahlener Kreuzkümmel
1 Dose stückige Tomaten (400 g)
Salz, Pfeffer
2 Eier
3 Stängel Petersilie

1 Zwiebel und Knoblauch schälen und klein würfeln. Die Paprika waschen und vierteln, Trennwände und Kerne entfernen und die Viertel in feine Streifen schneiden. Die Kidneybohnen in ein Sieb abgießen und abtropfen lassen.

2 Das Öl in einer Pfanne erhitzen. Zwiebel, Knoblauch und Paprika darin bei mittlerer Hitze ca. 5 Min. braten. Paprikapulver und Kreuzkümmel darüberstreuen. Tomaten und Kidneybohnen dazugeben und alles ca. 4 Min. offen köcheln lassen. Mit Salz und Pfeffer abschmecken.

3 Mit einem Esslöffel zwei Mulden in die Sauce drücken. Die Eier in jeweils eine Mulde schlagen und alles zugedeckt bei kleiner Hitze ca. 8 Min. garen, bis die Spiegeleier leicht gestockt sind. Petersilie waschen und trocken schütteln, Blätter abzupfen und darüberstreuen. Die Spiegeleier salzen und die Shakshuka servieren.

Für 2 Personen • 25 Min. Zubereitung • Pro Portion ca. 610 kcal, 16 g E, 21 g F, 87 g KH

BULGURSOTTO

HERBST-REZEPT

400 g Hokkaido-Kürbis
2 Frühlingszwiebeln
3 EL Olivenöl
1 TL gemahlener Koriander
1 TL gemahlener Kreuzkümmel
150 g Bulgur
400 ml Gemüsebrühe
1 Bio-Orange
4 Stängel Minze
150 g Joghurt
Salz

1 Den Kürbis waschen, die Kerne und das faserige Fruchtfleisch mit einem Esslöffel entfernen und das Kürbisfleisch mit Schale ca. 2 cm groß würfeln. Die Frühlingszwiebeln putzen, waschen und mitsamt Grün in feine Ringe schneiden.

2 In einer Pfanne 2 EL Öl erhitzen. Die Kürbiswürfel darin unter Wenden ca. 5 Min. braten, bis sie leicht bräunen. Mit Koriander und Kreuzkümmel bestreuen. Den Bulgur unterrühren und die Brühe angießen. Alles zugedeckt bei kleiner Hitze ca. 10 Min. köcheln.

3 Inzwischen die Orange heiß waschen und abtrocknen, 1 EL Schale abreiben und 120 ml Saft auspressen. Beides mit den Frühlingszwiebeln ca. 2 Min. vor Garzeitende unterrühren. Die Minze waschen und trocken schütteln, die Blätter abzupfen und fein hacken. Mit dem übrigen Öl (1 EL) unter den Joghurt rühren und mit Salz würzen. Den Bulgursotto mit dem Minzjoghurt servieren.

Für 4 Personen • 30 Min. Zubereitung • Pro Portion ca. 405 kcal, 11 g E, 24 g F, 36 g KH

KARTOFFEL-GEMÜSE-PFANNE

SÜDLICHE LEBENSFREUDE

800 g kleine neue Kartoffeln (ersatzweise Drillinge)
4 EL Olivenöl
1 rote Paprika
200 g grüne Bratpaprika (Pimientos de Padrón; siehe Tipp)
2 junge Zucchini (à ca. 125 g; möglichst gelb und grün)
1 rote Zwiebel
2 Zweige Rosmarin
1 Knoblauchzehe
100 g schwarze Oliven (nach Belieben)
1 TL getrockneter Oregano
Salz, Pfeffer
100 g Schafskäse (Feta)

TIPP

Pimientos sehen aus wie grüne Pfefferschoten, sie schmecken aber nicht scharf, sondern eher süßlich-nussig und können samt Kernen gegessen werden. Sie kommen ursprünglich aus der spanischen Region Padrón. Unbedingt probieren!

1 Die Kartoffeln mit Schale unter fließendem kaltem Wasser sauber bürsten, abtrocknen und längs halbieren. 2 EL Olivenöl in einer großen Pfanne erhitzen. Die Kartoffeln darin bei mittlerer Hitze ca. 10 Min. anbraten, dabei öfter wenden.

2 Inzwischen die Paprika waschen und vierteln, Trennwände und Kerne entfernen und die Viertel in 3 cm große Stücke schneiden. Die Bratpaprika waschen. Zucchini putzen, waschen und in 1 cm dicke Scheiben schneiden. Zwiebel schälen, halbieren und in feine Streifen schneiden.

3 Paprika, Pimientos, Zucchini und Zwiebelstreifen mit dem übrigen Öl (2 EL) in die Pfanne zu den Kartoffeln geben und unter Wenden bei mittlerer bis großer Hitze ca. 5 Min. mitbraten.

4 Inzwischen den Rosmarin abbrausen, die Nadeln abzupfen und fein hacken. Knoblauch schälen und fein würfeln. Die Oliven, falls verwendet, abtropfen lassen. Mit Rosmarin, Oregano und Knoblauch unter die Kartoffeln mischen. Kräftig mit Salz und Pfeffer würzen. Den Feta zerbröckeln und daraufstreuen.

Für 4 Personen • 30 Min. Zubereitung • Pro Portion ca. 920 kcal, 29 g E, 59 g F, 68 g KH

BROKKOLI-PENNE MIT PESTO

PASTA, PESTO, PERFETTO!

400 g Vollkornnudeln (z. B. Penne)
Salz
500 g Brokkoliröschen
75 g gemischte Kerne (z. B. Kürbis-, Pinienkerne, Mandeln)
100 g Pecorino
100 g getrocknete Tomaten (in Öl)
1 Knoblauchzehe
1 TL getrockneter Oregano
100 ml Olivenöl
Salz, Pfeffer
2 TL Zitronensaft

1 Die Nudeln in reichlich kochendem Salzwasser nach Packungsanweisung bissfest garen. Die Brokkoliröschen in den letzten 3 Min. mitgaren.

2 Inzwischen die Kerne in einer Pfanne ohne Fett bei mittlerer Hitze anrösten, herausnehmen und hacken. Den Käse reiben. Die Tomaten abtropfen lassen, den Knoblauch schälen und beides grob hacken. Zwei Drittel der Kerne mit Tomaten, Knoblauch, Oregano und Olivenöl im Blitzhacker fein pürieren. Mit Salz, Pfeffer und Zitronensaft würzen. Die Hälfte des geriebenen Pecorino unterheben.

3 Nudeln und Brokkoli in ein Sieb abgießen, dabei 300 ml Kochwasser auffangen. Die Nudel-Brokkoli-Mischung zurück in den Topf geben, Pesto, Kochwasser und die übrigen Kerne dazugeben und alles gut vermischen. Mit Salz und Pfeffer abschmecken und mit dem übrigen Käse bestreut servieren.

Für 4 Personen • 30 Min. Zubereitung • Pro Portion ca. 610 kcal, 22 g E, 28 g F, 66 g KH

PAPRIKA-KRAUT-FARFALLE

MIT FEINER RAUCHNOTE

350 g Vollkornfarfalle
Salz
½ Spitzkohl (ca. 500 g)
1 Zwiebel
2 Knoblauchzehen
2 EL Olivenöl
Pfeffer
200 g mildes Ajvar (Paprikapaste; aus dem Glas)
400 ml Gemüsebrühe
100 g Rauchmandeln (ersatzweise Mandeln und ¼ TL geräuchertes Paprikapulver)
½ Bund Petersilie
4 EL Schmand

1 Die Nudeln in reichlich kochendem Salzwasser nach Packungsanweisung bissfest garen. Inzwischen den Spitzkohl putzen, waschen und den Strunk entfernen. Die Kohlblätter in 2–3 cm große Quadrate schneiden. Die Zwiebel und den Knoblauch schälen und fein würfeln.

2 Das Öl in einer großen Pfanne erhitzen. Zwiebel, Knoblauch und Spitzkohl darin bei mittlerer Hitze unter Wenden 2–3 Min. braten. Den Kohl mit Salz und Pfeffer würzen. Ajvar und Brühe einrühren, das Ganze einmal aufkochen lassen und zugedeckt ca. 5 Min. garen.

3 Die Nudeln abgießen, kurz abtropfen lassen, in die Pfanne geben und gut wenden. Zugedeckt bei kleiner Hitze ca. 2 Min. ziehen lassen. Inzwischen die Mandeln grob hacken. Petersilie abbrausen und trocken schütteln, Blätter abzupfen und hacken. Pasta in tiefen Tellern anrichten und mit Mandeln und Petersilie bestreuen. Auf jede Portion 1 EL Schmand setzen. Sofort servieren.

Für 4 Personen • 30 Min. Zubereitung • Pro Portion ca. 740 kcal, 39 g E, 38 g F, 61 g KH

BALSAMICO-LINSEN MIT KÜRBIS

FEIN IM HERBST

200 g Berglinsen
4 EL Olivenöl
½ TL Pul biber (scharfe Paprikaflocken; ersatzweise Chiliflocken)
4 Scheiben Halloumi (à ca. 100 g; siehe Tipp)
1 kleiner Hokkaido-Kürbis (ca. 600 g)
4 Schalotten
8 Salbeiblätter
Salz, Pfeffer
2 EL flüssiger Honig
3 EL Rotweinessig
2 EL Aceto balsamico
250 ml Gemüsebrühe
200 g gegarte Maronen (vakuumverpackt)
150 g Kirschtomaten
1 Pck. TK-Petersilie (50 g)

TIPP
Halloumi ist ein halbfester Käse aus Zypern, den es aus reiner Kuhmilch, aber auch einer Mischung aus Schafs-, Ziegen- und Kuhmilch gibt. Ideal zum Grillen.

1 Die Linsen in kochendem Wasser in 20 Min. bissfest garen. Inzwischen 2 EL Olivenöl mit Pul biber verrühren, den Halloumi damit beträufeln und ziehen lassen. Den Kürbis putzen, waschen, abtrocknen, halbieren und in möglichst dünne Spalten schneiden, dabei die Kerne und Fasern entfernen. Die Schalotten schälen und vierteln. Die Salbeiblätter trocken abreiben.

2 Das übrige Öl (2 EL) in einem breiten Schmortopf erhitzen. Schalotten, Kürbis und Salbei darin bei mittlerer Hitze unter Wenden ca. 5 Min. braten. Mit Salz und Pfeffer würzen. Honig, beide Essigsorten und die Brühe dazugeben und alles zugedeckt bei mittlerer Hitze 6–7 Min. schmoren.

3 Die Linsen gut abtropfen lassen. Die Maronen aus der Packung nehmen. Die Tomaten waschen und halbieren. Linsen, Maronen und Tomaten sowie die TK-Petersilie unter das Gemüse mischen. Alles salzen, pfeffern und bei kleiner Hitze noch ca. 5 Min. garen.

4 Inzwischen eine Grillpfanne oder beschichtete Pfanne erhitzen und den Halloumi darin bei großer Hitze auf jeder Seite 2–3 Min. braten. Mit dem Linsengemüse anrichten. Dazu schmeckt Polenta oder Vollkornbaguette.

Für 2 Personen • 25 Min. Zubereitung • Pro Portion ca. 630 kcal, 30 g E, 29 g F, 60 g KH

BRATREIS MIT GEMÜSE UND WASABINÜSSEN

KNACKFRISCH UND BUNT

1 Stück Ingwer (ca. 2 cm)
2 rote Paprika
150 g Zuckerschoten
250 g Tofu
2 EL Öl
250 g Express-Langkornreis
2 Eier
2 EL Sojasauce
5 TL Limettensaft
Salz, Pfeffer
2 EL Wasabi-Erdnusskerne

TIPP
Kurz, aber intensiv ist das Schärfegefühl, wenn man auf grüne Wasabinüsse beißt. Wer dabei mit den Tränen kämpft, kann alternativ auch geröstete, gesalzene Erdnusskerne oder Cashewkerne auf den Reis streuen.

1 Den Ingwer schälen und fein würfeln. Paprika waschen, vierteln, Trennwände und Kerne entfernen und die Viertel in feine Streifen schneiden. Die Zuckerschoten waschen und diagonal halbieren. Den Tofu trocken tupfen und in ca. 1 cm große Würfel schneiden.

2 Das Öl in einem Wok oder einer beschichteten Pfanne erhitzen. Ingwer, Paprika, Zuckerschoten und Tofu darin bei großer Hitze unter Wenden 3–4 Min. braten. Den Express-Reis dazugeben und ca. 5 Min. unter Rühren mitbraten.

3 Inzwischen die Eier mit 1 EL Sojasauce verrühren. Die Reismischung an den Pfannenrand schieben. Das Soja-Ei in die Pfannenmitte gießen, kurz stocken lassen, dann mit dem Reis mischen. Mit übriger Sojasauce (1 EL), Limettensaft, wenig Salz und Pfeffer abschmecken.

4 Die Wasabi-Erdnüsse hacken. Den Bratreis auf Teller verteilen und mit den gehackten Wasabinüssen bestreuen.

Für 2 Personen • 25 Min. Zubereitung • Pro Portion ca. 960 kcal, 34 g E, 56 g F, 78 g KH

AVOCADO-TOMATEN-PASTA

SCHARF MIT CHILI

Salz
200 g kurze Makkaroni
2 EL Olivenöl
2 Knoblauchzehen
2 Frühlingszwiebeln
1 Dose stückige Tomaten (400 g)
Pfeffer
½ TL getrockneter Oregano
1 TL Chiliflocken
1 reife Avocado
1 EL Zitronensaft
200 g Mini-Mozzarellakugeln
5 Basilikumblätter

1 Wasser in einem Topf aufkochen und salzen, die Nudeln darin nach Packungsanweisung bissfest garen. Inzwischen 1 EL Öl in einer Pfanne erhitzen. Knoblauch schälen und fein würfeln. Frühlingszwiebeln putzen, waschen und in feine Ringe schneiden. Beides im heißen Öl kurz andünsten. Tomaten dazugeben und alles 2–3 Min. bei mittlerer Hitze kochen lassen. Ab und zu umrühren. Die Sauce mit Salz, Pfeffer, Oregano und Chiliflocken würzen.

2 Avocado halbieren, Kern entfernen, Fruchtfleisch herauslösen, würfeln und mit Zitronensaft beträufeln. Mozzarella abtropfen lassen und halbieren. Basilikum trocken abreiben und klein zupfen.

3 Die Nudeln abgießen, abtropfen lassen, dabei knapp 100 ml Kochwasser auffangen. Nudeln und Kochwasser in die Pfanne geben und mit der Sauce vermischen. Mozzarella und Avocado darauf verteilen, mit Basilikum bestreuen und mit übrigem Öl (1 EL) beträufeln.

Für 2 Personen • 20 Min. Zubereitung • Pro Portion ca. 790 kcal, 18 g E, 59 g F, 48 g KH

PAPRIKA-VITALKERNE-PASTA

KERNIG UND AROMATISCH

Salz
300 g frische Tagliatelle (aus dem Kühlregal)
1 Knoblauchzehe
200 g gegrillte rote und gelbe Paprika (in Öl; aus dem Glas)
80 g gemischte Kerne (z. B. Sonnenblumen-, Pinienkerne)
4 EL Olivenöl
1 EL italienische TK-Kräutermischung
Pfeffer
40 g Parmesan

1 Wasser in einem Topf aufkochen und salzen, die Nudeln darin nach Packungsanweisung bissfest garen.

2 Den Knoblauch schälen und in dünne Scheiben schneiden. Die Paprika abtropfen lassen und in ca. 1 cm breite Streifen schneiden. Die Kerne in einer großen Pfanne ohne Fett goldbraun rösten und herausnehmen. In derselben Pfanne 2 EL Öl erhitzen und den Knoblauch darin bei mittlerer Hitze ca. 1 Min. andünsten. Die Paprikastreifen dazugeben und 1 Min. mitdünsten.

3 Die Nudeln abgießen, dabei 75 ml Kochwasser auffangen. Nudeln und Kochwasser in die Pfanne geben. Die Kräuter hinzufügen und untermischen, das Gericht mit Salz und Pfeffer würzen. Die Pasta auf Tellern anrichten, mit dem übrigen Olivenöl (2 EL) beträufeln und mit den Kernen bestreuen. Den Parmesan darüberreiben.

Für 2 Personen • 15 Min. Zubereitung • Pro Portion ca. 330 kcal, 14 g E, 27 g F, 7 g KH

ZITRONENFENCHEL MIT EI UND KRÄUTERSCHMAND

SCHNELL

FÜR EIER UND FENCHEL

3 Eier
300 g Fenchel
½ Bio-Zitrone
1 EL Olivenöl
Salz

FÜR DIE SAUCE

100 g Schmand
25 g TK-Gartenkräuter (ersatzweise ½ Bund Dill oder Thymian)
Salz, Pfeffer

EIER UND FENCHEL: Die Eier in einen Topf mit Wasser geben, aufkochen und in 10 Min. hart kochen. Inzwischen den Fenchel putzen, waschen und auf dem Gemüsehobel längs in Streifen hobeln. Die Zitronenhälfte heiß waschen und abtrocknen, die Schale fein abreiben und den Saft auspressen. Die Zitronenschale für die Sauce beiseitelegen.

Das Öl in einer Pfanne erhitzen und den Fenchel darin ca. 2 Min. unter Wenden anbraten. Zitronensaft und ½ TL Salz dazugeben und das Gemüse zugedeckt bei mittlerer Hitze in 5 Min. bissfest garen.

SAUCE: Den Schmand mit den Kräutern und der Zitronenschale in eine Schüssel geben. Alles gründlich verrühren und mit Salz und Pfeffer abschmecken.

ANRICHTEN: Die Eier abgießen, kalt abschrecken, pellen und der Länge nach vierteln. Das Fenchelgemüse auf zwei Teller verteilen, die geviertelten Eier daraufgeben und den Kräuterschmand daraufklecksen.

Für 2 Personen • 25 Min. Zubereitung • Pro Portion ca. 635 kcal, 28 g E, 19 g F, 86 g KH

SPINAT-LINSEN-DAL MIT BASMATI-REIS

INDISCHER KÜCHENZAUBER OHNE HEXEREI

150 g rote Linsen
300 ml Gemüsefond (aus dem Glas; ersatzweise Gemüsebrühe)
250 g Baby-Blattspinat
1 Zwiebel
1 Knoblauchzehe
1 Stück Ingwer (ca. 2 cm)
250 g Basmati-Expressreis
3 EL Öl
2 TL Madras-Currypulver
2 TL Tomatenmark
Salz, Pfeffer
3 TL Zitronensaft

1 Die Linsen mit dem Gemüsefond in einen Topf geben, aufkochen und zugedeckt bei mittlerer Hitze 7–8 Min. köcheln lassen, bis die Flüssigkeit fast vollständig aufgesogen ist und die Linsen weich sind.

2 Inzwischen den Spinat verlesen, die Blätter waschen und gut abtropfen lassen. Zwiebel und Knoblauch schälen und in feine Würfel schneiden. Den Ingwer schälen und fein reiben. In einem Topf 5 EL Wasser erhitzen, den Reis hineingeben und zugedeckt bei mittlerer Hitze ca. 3 Min. köcheln lassen.

3 Das Öl in einer beschichteten Pfanne erhitzen. Zwiebel, Knoblauch, Ingwer, Currypulver und Tomatenmark darin bei mittlerer Hitze unter Wenden 1–2 Min. anrösten. Den Spinat und die Linsen dazugeben und alles gut vermischen. Mit Salz, Pfeffer und Zitronensaft abschmecken. Das Curry zugedeckt noch ca. 2 Min. ziehen lassen. Den Reis auf Teller verteilen und das Spinat-Linsen-Dal darauf anrichten.

TIPP

Statt Basmati-Reis schmecken auch Papadams zum Linsen-Dal. Die Teigfladen gibt es im Asialaden. Auf einem Backblech unter dem heißen Backofengrill (oben) einige Minuten grillen, bis sie knusprig und goldbraun sind. Dabei wenden und aufpassen, dass sie nicht schwarz werden.

Für 2 Personen • 20 Min. Zubereitung • Pro Portion ca. 675 kcal, 25 g E, 45 g F, 41 g KH

KÄSESPÄTZLE-RÖSTI

GANZ EINFACH

200 g Spätzle (aus dem Kühlregal)
60 g geriebener Emmentaler
2 Eier
2 EL Mehl
Salz, Pfeffer
4 TL Butterschmalz
2 EL weißer Aceto balsamico
½ TL Senf
2 EL Öl
100 g gemischte Blattsalate (z. B. Feldsalat, Pflücksalat, Radicchio; geputzt)
12 Kirschtomaten
2 EL Crème fraîche

1 Die Spätzle mit Käse, Eiern und Mehl verrühren und die Mischung mit Salz und Pfeffer würzen. Das Butterschmalz in einer beschichteten Pfanne erhitzen. Die Spätzlemischung auf einmal hineingeben, flach drücken und bei mittlerer Hitze in ca. 8 Min. goldbraun backen. Wenden und in ca. 4 Min. fertig backen. Oder in einer großen Pfanne zwei Rösti auf die gleiche Weise backen.

2 Inzwischen Essig, Senf, Salz und Pfeffer in einer kleinen Schüssel verquirlen, das Öl unterrühren. Den Salat waschen und trocken schütteln. Die Tomaten waschen, abtrocknen und vierteln. Blattsalate und Tomatenviertel in der Vinaigrette wenden.

3 Die große Rösti halbieren und mit dem Salat anrichten. Mit der Crème fraîche toppen und servieren.

Für 2 Personen • 20 Min. Zubereitung • Pro Portion ca. 685 kcal, 28 g E, 33 g F, 64 g KH

TEXMEX-POLENTA

CREMIG UND WÜRZIG

400 ml Gemüsebrühe
200 ml Milch
120 g Instant-Polenta
100 g Cheddar
2 Frühlingszwiebeln
1 Dose texanische Gemüsemischung (Mais und Kidneybohnen; 265 g Abtropfgewicht)
2 EL Olivenöl
2 TL Chilipulver (Gewürzmischung)
Salz, Pfeffer

1 Brühe und Milch in einem Topf aufkochen. Die Polenta einrieseln lassen und mit einem Schneebesen kräftig rühren. Bei mittlerer Hitze einmal aufkochen lassen, dann ohne Hitzezufuhr zugedeckt 5–10 Min. quellen lassen.

2 Inzwischen den Käse grob raspeln. Die Frühlingszwiebeln putzen, waschen, weiße und hellgrüne Teile in feine Ringe schneiden. Mais-Bohnen-Mix in ein Sieb abgießen und abtropfen lassen.

3 Das Öl in einer Pfanne erhitzen, die Frühlingszwiebelringe bis auf 1 EL und das Bohnen-Mais-Gemüse darin bei mittlerer Hitze ca. 2 Min. anbraten. Mit Chilipulver, Salz und Pfeffer würzen. Gemüsemix und zwei Drittel vom Cheddar unter die Polenta mischen. Das Ganze noch einmal abschmecken, auf Teller verteilen und mit dem übrigen Käse, den beiseitegelegten Frühlingszwiebelringen und etwas Chilipulver bestreuen.

Für 4 Personen • 30 Min. Zubereitung • Pro Portion ca. 605 kcal, 28 g E, 25 g F, 62 g KH

VEGGIE-PAD-THAI

SCHARF

200 g Reisbandnudeln
Salz
400 g Tofu
1 Bund Frühlingszwiebeln
4 EL Reisessig
4 EL Sojasauce
2 TL Rohrohrzucker
2 EL Chilisauce (z. B. Sriracha; aus dem Glas)
50 g Erdnusskerne (gesalzen)
4 EL Erdnussöl
800 g TK-Asia-Gemüse (ungewürzt)
1 Bio-Limette (nach Belieben)

GUT ZU WISSEN
Von fadendünn bis bandnudelbreit – Reisnudeln sind in verschiedenen Breiten erhältlich und werden aus Reisstärke hergestellt. Nicht mit den dünnen, durchsichtigen Glasnudeln verwechseln!

1 Die Reisnudeln in reichlich Salzwasser nach Packungsanweisung garen. In ein Sieb abgießen, kurz abbrausen und anschließend abtropfen lassen.

2 Inzwischen den Tofu trocken tupfen und in ca. 1 cm große Würfel schneiden. Die Frühlingszwiebeln putzen und waschen, die weißen und hellgrünen Teile getrennt schräg in dünne Ringe schneiden.

3 Für die Sauce Essig, Sojasauce, Zucker, Chilisauce und 4 EL Wasser verrühren. Die Erdnüsse grob hacken.

4 Das Öl in einem großen Wok oder einer großen Pfanne erhitzen. Zuerst den Tofu hineingeben und bei mittlerer bis großer Hitze in ca. 2 Min. rundherum goldbraun anbraten. Das Asia-Gemüse hinzufügen und ca. 5 Min. unter Rühren mitbraten. Die weißen Frühlingszwiebelringe und die abgetropften Reisnudeln dazugeben. Mit der Würzsauce ablöschen und alles weitere ca. 2 Min. unter Rühren braten.

5 Das Veggie-Pad-Thai auf Schalen oder tiefe Teller verteilen und mit den Erdnüssen und den grünen Frühlingszwiebelringen bestreuen. Nach Belieben die Limette heiß waschen, abtrocknen und in Stücke schneiden. Die Limettenstücke zum Beträufeln dazu servieren.

Für 4 Personen • 30 Min. Zubereitung • Pro Portion ca. 410 kcal, 13 g E, 22 g F, 41 g KH

KARTOFFEL-APFEL-STAMPF MIT SPIEGELEI

GLUTENFREI

1 kg mehligkochende Kartoffeln
Salz
1 großer Apfel (z. B. Elstar)
200 ml Milch
2 EL Butter
Pfeffer
frisch geriebene Muskatnuss
1 EL Rapsöl
8 Salbeiblätter
4 Eier (M)
4 EL Röstzwiebeln (Fertigprodukt)

1 Die Kartoffeln schälen, waschen und je nach Größe halbieren oder vierteln. Die Kartoffelstücke in einem Topf mit Salzwasser bedeckt aufkochen und zugedeckt bei mittlerer Hitze in ca. 15 Min. garen. Inzwischen den Apfel vierteln, schälen, entkernen und in grobe Stücke schneiden. Nach den 15 Min. Garzeit zu den Kartoffeln in den Topf geben und alles in weiteren ca. 5 Min. weich garen.

2 Kurz vor Ende der Garzeit der Kartoffel-Apfel-Mischung die Milch in einem Topf erhitzen. Das Wasser von der Kartoffel-Apfel-Mischung abgießen. Die heiße Milch und 1 ½ EL Butter zur Mischung geben und alles mit einem Kartoffelstampfer nach Belieben grob oder fein zerdrücken. Den Stampf mit Salz, Pfeffer und etwas Muskat würzen und zugedeckt warm halten.

3 Die restliche Butter (½ EL) mit dem Öl in einer beschichteten Pfanne erhitzen. Die Salbeiblätter trocken abreiben und dazugeben. Bei mittlerer bis großer Hitze 1–2 Min. anbraten, dann herausnehmen. Die Eier aufschlagen und in der Pfanne im Bratfett zu Spiegeleiern braten, mit Salz und Pfeffer würzen.

4 Den Kartoffel-Apfel-Stampf mit den Spiegeleiern auf Tellern anrichten und mit den Röstzwiebeln bestreuen. Mit dem Bratfett beträufeln und mit den Salbeiblättern bestreuen.

TAUSCH-TIPP

Statt mit Apfel lassen sich die Kartoffeln auch super mit Möhren, Pastinaken oder Petersilienwurzeln kombinieren. Das Wurzelgemüse muss allerdings von Anfang an mit den Kartoffeln gekocht werden.

Für 4 Personen • 30 Min. Zubereitung • Pro Portion ca. 475 kcal, 13 g E, 14 g F, 63 g KH

SPARGEL-TOMATEN-RISOTTO

FRÜHLINGS-REZEPT

2 Schalotten
4 EL Olivenöl
300 g Risotto-Reis (z. B. Arborio)
100 ml trockener Weißwein
1,2 l heiße Gemüsebrühe
400 g grüner Spargel
60 g italienischer Hartkäse (mit mikrobiellem Lab; z. B. Montello)
400 g Kirschtomaten
4 EL Aceto balsamico
Salz, Pfeffer
1 Handvoll Basilikumblätter

1 Schalotten schälen, fein würfeln und in einem Topf in 3 EL Öl bei mittlerer Hitze glasig dünsten. Reis unterrühren, kurz mitdünsten. Wein angießen, einkochen lassen. So viel Brühe angießen, dass der Reis knapp bedeckt ist. Unter häufigem Rühren ca. 20 Min. garen, dabei nach und nach die übrige Brühe angießen.

2 Inzwischen Spargel waschen, Enden abschneiden. Stangen im unteren Drittel schälen und schräg in 1–2 cm breite Stücke schneiden. Käse fein reiben. Tomaten waschen und in einer beschichteten Pfanne im übrigen Öl (1 EL) bei mittlerer bis großer Hitze ca. 3 Min. braten, bis sie aufplatzen. Essig und 2 EL Wasser hinzufügen. Salzen, pfeffern und in ca. 3 Min. sirupartig einkochen. Abgedeckt warm halten. Spargel ca. 5 Min. vor Garzeitende unter den Risotto rühren. Basilikum trocken abreiben, die Hälfte fein schneiden und unter den Risotto mischen. Salzen, pfeffern und ca. 2 Min. ziehen lassen. Mit Tomaten, Käse und übrigem Basilikum garnieren.

Für 4 Personen • 30 Min. Zubereitung • Pro Portion ca. 560 kcal, 20 g E, 31 g F, 65 g KH

SPINAT-NUSSPILZ-RISOTTO

AUS ITALIEN

400 g Baby-Blattspinat
80 g italienischer Hartkäse (mit mikrobiellem Lab; z. B. Montello)
2 Schalotten
5 EL Olivenöl
300 g Risotto-Reis (z. B. Arborio)
100 ml trockener Weißwein
1 l heiße Gemüsebrühe
100 g Nusskerne (z. B. Cashew, Haselnüsse, Mandeln, Walnüsse)
250 g Champignons
Salz, Pfeffer
2 EL Zitronensaft

1 Den Spinat verlesen, waschen und trocken schleudern. 40 g Käse fein reiben, übrigen Käse (40 g) hobeln. Schalotten schälen, fein würfeln, in einem Topf in 3 EL Öl bei mittlerer Hitze ca. 2 Min. dünsten. Reis unterrühren, kurz mitdünsten. Wein angießen, einkochen lassen. So viel Brühe angießen, dass der Reis knapp bedeckt ist. Unter häufigem Rühren ca. 20 Min. garen, dabei nach und nach die übrige Brühe angießen.

2 Inzwischen die Nüsse grob hacken. Pilze putzen und je nach Größe halbieren oder vierteln. Übriges Öl (2 EL) in einer Pfanne erhitzen, Nüsse und Pilze darin bei mittlerer Hitze ca. 5 Min. unter gelegentlichem Wenden bräunen, leicht salzen und pfeffern. Risotto vom Herd nehmen, Spinat (bis auf ein paar Blätter) und geriebenen Käse unterheben. Mit Zitronensaft, Salz und Pfeffer würzen und ca. 2 Min. ziehen lassen. Auf Teller verteilen und mit der Pilzmischung, dem gehobelten Käse und dem Spinat anrichten.

Für 4 Personen • 20 Min. Zubereitung • Pro Portion 695 kcal, 22 g E, 16 g F, 66 g KH

ASIA-NUDELPFANNE MIT TOFU

VEGANES AUS FERNOST

3 EL Rapsöl
500 g TK-Asia-Gemüse
2 leicht geh. EL Speisestärke
Salz, Pfeffer
400 g Tofu
200 g Mie-Nudeln (asiatische Weizennudeln)
6 EL süßsaure Chilisauce (aus dem Glas)
4 EL Sojasauce
2 EL Limettensaft

1 In einer großen Pfanne 1 EL Öl erhitzen. Das Gemüse dazugeben und nach Packungsanweisung erhitzen.

2 Inzwischen für den Knuspertofu die Stärke mit etwas Salz und Pfeffer in einem großen Gefrierbeutel mischen. Den Tofu trocken tupfen, in ca. 1 cm große Würfel schneiden, in den Beutel geben und vorsichtig schütteln, bis die Tofuwürfel gänzlich mit der Stärke überzogen sind. Das übrige Öl (2 EL) in einer zweiten Pfanne erhitzen und die Tofuwürfel darin unter mehrmaligem Wenden ca. 5 Min. braten, bis sie goldbraun und knusprig sind.

3 Während der Tofu brät, nach dem Gemüse sehen und evtl. etwas Wasser zugießen. Die Mie-Nudeln in eine Schüssel geben. Mit heißem Wasser aus dem Wasserkocher übergießen und ca. 4 Min. ziehen lassen. Die Nudeln mit einer Gabel auflockern, in ein Sieb abgießen und abtropfen lassen.

4 Chilisauce, Sojasauce und Limettensaft verrühren und zum Gemüse gießen. Die Nudeln untermischen. Die Nudelpfanne evtl. noch mit Salz und Pfeffer abschmecken und den Knuspertofu darauf verteilen.

TIPP

Ersetzen Sie den Tofu durch 400 g Hähnchenfilet: In schmale Streifen schneiden, mit der Stärke mischen und anbraten. Oder Sie nehmen 400 g küchenfertige Garnelen (ohne Kopf; mit Schale) – dann die Stärke weglassen.

Für 4 Personen • 30 Min. Zubereitung • Pro Portion ca. 660 kcal, 15 g E, 32 g F, 73 g KH

POLENTASCHNITTEN MIT CHILI-GEMÜSE

ITALIENISCH-MEXIKANISCHE LIAISON

1 l Gemüsebrühe
250 g Instant-Polenta
Salz, Pfeffer
4 EL Olivenöl
1 Dose Kidneybohnen (250 g Abtropfgewicht)
1 Dose Maiskörner (140 g Abtropfgewicht)
1 Stange Lauch (ca. 300 g)
1 rote Paprika
1 gelbe Paprika
1 EL Chilipulver (Gewürzmischung)
2 TL gemahlener Kreuzkümmel
1 Dose Pizzatomaten (400 g)
½ Bund Schnittlauch
Cayennepfeffer
2 EL Limettensaft
200 g Crème fraîche

1 Die Brühe in einem hohen Topf aufkochen. Vom Herd nehmen und den Maisgrieß unter Rühren einrieseln lassen. Auf dem Herd bei mittlerer Hitze unter Rühren einmal aufkochen (vorsichtig, das kann spritzen!) und zugedeckt ca. 5 Min. quellen lassen. Polenta mit Salz und Pfeffer würzen, 2 EL Olivenöl unterrühren. Die Masse in eine kalt ausgespülte Gratinform (26 cm ∅) füllen, glatt streichen und zugedeckt fest werden lassen.

2 Inzwischen Bohnen und Mais in ein Sieb schütten, kalt abbrausen und abtropfen lassen. Lauch putzen, gut waschen und schräg in knapp 1 cm breite Scheiben schneiden. Paprika waschen, vierteln, Trennwände und Kerne entfernen und die Viertel in ca. 2 cm große Stücke schneiden.

3 Das übrige Öl (2 EL) in einer Pfanne oder im Schmortopf erhitzen. Lauch und Paprika darin bei mittlerer Hitze 2–3 Min. andünsten. Chilipulver und Kreuzkümmel einrühren, Tomaten, Mais und Kidneybohnen dazugeben, aufkochen und zugedeckt bei mittlerer Hitze ca. 10 Min. köcheln lassen.

4 Inzwischen Schnittlauch abbrausen, trocken schütteln und in feine Röllchen schneiden. Die feste Polenta auf eine Platte stürzen und in Portionsstücke schneiden. Das Gemüse mit Salz, Cayennepfeffer und Limettensaft würzen. Mit den Polentaschnitten, je 1 Klecks Crème fraîche und dem Schnittlauch anrichten.

TIPP
Falls Polenta übrig bleibt: Kalt stellen und am nächsten Tag in einer beschichteten Pfanne mit etwas Butter bei mittlerer Hitze pro Seite in 2–3 Min. goldbraun braten. Mit einem Salat servieren.

Für 4 Personen • 30 Min. Zubereitung • Pro Portion ca. 495 kcal, 24 g E, 23 g F, 47 g KH

BRATKARTOFFELN MIT LAUCH

EIWEISSREICH

1 kg kleine festkochende Kartoffeln (z.B. Drillinge oder Frühkartoffeln)
Salz
2 Stangen Lauch (ca. 500 g)
2 rote Paprika
1 Zwiebel
5 EL Rapsöl
1 EL Butter
1 ½ TL getrockneter Majoran
Pfeffer
500 g Quark (20 % Fett i. Tr.)
50 ml Milch
1 Kästchen Kresse

1 Kartoffeln gründlich waschen und ungeschält in Salzwasser ca. 10 Min. vorkochen. Inzwischen Lauch putzen, waschen und schräg in ca. 1 cm breite Scheiben schneiden. Paprika waschen, längs vierteln, Trennwände und Kerne entfernen und die Viertel in ca. 1 cm breite Streifen schneiden. Zwiebel schälen und in Streifen schneiden. Kartoffeln abgießen, ausdampfen lassen und längs halbieren.

2 Öl und Butter in einer großen beschichteten Pfanne erhitzen. Kartoffeln, Zwiebel, Lauch und Paprika darin bei mittlerer Hitze 10–12 Min. unter gelegentlichem Wenden braten, bis die Kartoffeln goldbraun und knusprig sind. Mit Majoran, Salz und Pfeffer würzen.

3 Inzwischen Quark und Milch verrühren, mit Salz und Pfeffer abschmecken. Kresse abbrausen, abschneiden und bis auf 2 EL unter den Quark rühren. Die Bratkartoffeln mit dem Kräuterquark anrichten und mit der übrigen Kresse bestreut servieren.

Für 4 Personen • 30 Min. Zubereitung • Pro Portion ca. 445 kcal, 11 g E, 24 g F, 25 g KH

SPITZKOHL-MARONEN-PFANNE

HERBST-REZEPT

½ Spitzkohl (ca. 700 g)
400 g braune Champignons (Egerlinge)
1 Zwiebel
2 Knoblauchzehen
1 säuerlicher Apfel (z. B. Boskop)
½ Bund Thymian
4 EL Olivenöl
Salz, Pfeffer
400 g gegarte Maronen (vakuumverpackt)
½ Bund Petersilie
200 g Schmand

1 Spitzkohl putzen, waschen, längs halbieren und quer in ca. 1 ½ cm breite Streifen schneiden. Pilze putzen und je nach Größe halbieren oder vierteln. Zwiebel und Knoblauch schälen und fein würfeln. Apfel waschen, vierteln und entkernen. Die Viertel quer in dünne Scheiben schneiden. Thymian abbrausen und trocken schütteln, Blätter abzupfen und hacken.

2 Das Öl in einer großen beschichteten Pfanne erhitzen. Spitzkohl, Pilze, Zwiebel, Knoblauch und Thymian darin bei großer Hitze ca. 4 Min. unter Rühren anbraten. Salzen und pfeffern. Maronen und Apfelstücke dazugeben und bei mittlerer Hitze 2–3 Min. mitbraten.

3 Inzwischen Petersilie abbrausen und trocken schütteln, Blätter abzupfen und hacken. Schmand, 100 ml Wasser und die Hälfte der Petersilie unter das Gemüse rühren. Mit Salz und Pfeffer würzen und mit der übrigen Petersilie bestreuen. Dazu passt Baguette.

Für 4 Personen • 30 Min. Zubereitung • Pro Portion ca. 395 kcal, 13 g E, 13 g F, 54 g KH

HIRSEPFANNE MIT GEMÜSE

EINFACH

1 kleiner Blumenkohl (ca. 500 g)
2 rote Paprika
1 Zucchino (ca. 200 g)
1 große Zwiebel
200 g Hirse
4 EL Olivenöl
1 EL scharfes Currypulver
600 ml Gemüsebrühe
Salz, Pfeffer
1 Dose Kidneybohnen (250 g Abtropfgewicht)
½ Bund Koriandergrün

MEHR DARAUS MACHEN
Wer mag, kann eine Sauce dazu servieren: 200 g griechischen Joghurt (10 % Fett) mit 2 EL Tahin (Sesampaste) und 2 TL Zitronensaft in einem hohen Becher mit dem Pürierstab glatt mixen. Mit Salz abschmecken.

1 Den Blumenkohl putzen, waschen und in kleine Röschen teilen, den Strunk schälen und in ca. 1 cm große Würfel schneiden. Die Paprika waschen und halbieren, die weißen Trennwände und Kerne entfernen. Den Zucchino putzen und waschen. Paprika und Zucchino in ca. 2 cm große Stücke schneiden. Die Zwiebel schälen und in kleine Würfel schneiden.

2 Eine große beschichtete Pfanne mit hohem Rand erhitzen und die Hirse darin bei mittlerer bis großer Hitze ca. 2 Min. anrösten. Die Zwiebel und 2 EL Öl hinzufügen und glasig dünsten. Das Currypulver darüberstreuen und unter Rühren 1 Min. andünsten. Blumenkohl, Zucchini und Paprika sowie das übrige Öl (2 EL) unterrühren und alles 2–3 Min. weiterdünsten. Die Brühe angießen. Alles mit Salz und Pfeffer würzen, aufkochen und zugedeckt bei mittlerer Hitze 10–13 Min. kochen, bis die Hirse gar ist.

3 Inzwischen die Kidneybohnen in ein Sieb abgießen, abbrausen und abtropfen lassen. Sobald die Hirse gar ist, die Bohnen unter die Hirsemischung rühren. Auf der abgeschalteten Herdplatte noch ca. 5 Min. ziehen lassen.

4 Inzwischen das Koriandergrün abbrausen und trocken schütteln. Die Blätter abzupfen und bis auf ein paar Blätter zum Garnieren grob hacken. Die Hirsepfanne mit Salz und Pfeffer abschmecken und den gehackten Koriander untermischen. Auf Tellern anrichten und mit den beiseitegelegten Korianderblättern bestreut servieren.

CARL MERTENS

Für 2 Personen • 20 Min. Zubereitung • Pro Portion ca. 425 kcal, 30 g E, 32 g F, 4 g KH

LOW-CARB-PIZZA AUS DER PFANNE

KLASSIKER

FÜR DEN BODEN

200 g geriebener Emmentaler

FÜR DEN BELAG

50 g Kirschtomaten
1 kleine Handvoll Baby-Blattspinat (25 g)
50 g eingelegte Peperoni (aus dem Glas)
½ kleine rote Zwiebel
1 TL getrocknete italienische Kräuter

TAUSCH-TIPP

Weitere tolle Pizzakombis sind: Kapern, Zwiebeln, Sardellen oder Salami, Rucola oder Zucchini, schwarze Oliven, getrocknete Tomaten.

BODEN: Eine Pfanne auf mittlere Hitze vorheizen. Einen Bogen Backpapier auf Pfannenbodengröße zuschneiden und in die Pfanne legen. 150 g geriebenen Emmentaler gleichmäßig in der Pfanne verteilen und 10–12 Min. backen, bis der Käse schmilzt und am Boden bräunt.

BELAG: Inzwischen die Tomaten waschen, abtrocknen und mit einem scharfen Messer in dünne Scheiben schneiden. Den Spinat waschen, trocken schütteln und grob hacken. Peperoni abtropfen lassen und in Ringe schneiden. Die Zwiebelhälfte schälen und ebenfalls in feine Ringe schneiden.

FERTIGSTELLEN: Die Kräuter auf den Käseboden in der Pfanne streuen. Dann Tomatenscheiben, Zwiebelringe, Spinat (bis auf einen kleinen Rest) und Peperoni darauf verteilen und alles mit dem restlichen Käse (50 g) bestreuen. Einen Deckel auflegen und die Pizza in ca. 8 Min. fertig garen. Zum Servieren den restlichen Spinat auf die Pizza streuen.

Für 4 Personen • 25 Min. Zubereitung • Pro Portion 415 kcal, 19 g E, 21 g F, 37 g KH

KICHERERBSEN-FETA-PUFFER

GELINGT GANZ LEICHT

2 Dosen Kichererbsen
(à 240 g Abtropfgewicht)
100 g Mehl
2 TL Backpulver
4 Eier
Salz, Pfeffer
150 g Schafskäse (Feta)
2–3 EL Rapsöl
1 Brokkoli (ca. 500 g)
1 Becher Zaziki (200 g)
1 EL Butter

1 Kichererbsen in ein Sieb abgießen und abtropfen lassen. Mehl und Backpulver in einer Rührschüssel mischen. Die Eier dazugeben und alles mit einem Rührbesen zu einem glatten Teig verrühren. Mit 1 TL Salz und Pfeffer würzen. Den Feta klein würfeln, mit den Kichererbsen unter den Teig mischen und alles mit dem Pürierstab grob pürieren, sodass noch kleine Stücke zu sehen sind.

2 In zwei großen beschichteten Pfannen je ca. 1 EL Öl erhitzen. Darin portionsweise ca. 12 Puffer backen: Dazu pro Puffer 1 gehäuften EL Teig in die Pfanne geben, flach streichen und pro Seite in 3–4 Min. goldbraun braten. Auf Küchenpapier entfetten.

3 Inzwischen den Brokkoli waschen, putzen und in Röschen teilen. Auf einem Dämpfeinsatz in einem Topf mit wenig Wasser zugedeckt 6–7 Min. dämpfen. 1 EL Butter zerlassen und salzen. Puffer mit Zaziki und Brokkoli anrichten. Brokkoli mit der Butter beträufeln.

Für 4 Personen • 25 Min. Zubereitung • Pro Portion 475 kcal, 19 g E, 12 g F, 71 g KH

ONE-POT-PARMESAN-PASTA

EINFACHER GEHT'S NICHT

1 Knoblauchzehe
2 Knollen Fenchel
1 EL Olivenöl
500 ml Milch
375 ml Gemüsebrühe
Salz, Pfeffer
350 g Bandnudeln
50 g Parmesan
2 EL gehackte TK-Petersilie

1 Den Knoblauch schälen und fein würfeln. Den Fenchel längs halbieren, das Grün und den harten Strunk entfernen, Fenchel waschen und abtrocknen. Jede Hälfte nochmals teilen und quer in dünne Scheibchen schneiden.

2 Das Öl in einem großen, hohen Topf erhitzen. Den Fenchel darin unter Wenden 3–4 Min. andünsten. Den Knoblauch zugeben und kurz mitdünsten. Milch und Brühe dazugießen, salzen, pfeffern und aufkochen. Die Nudeln hinzufügen und alles einmal umrühren. Die Mischung 15–18 Min. köcheln lassen. Dabei am Anfang und gegen Ende oft umrühren, damit die Nudeln nicht ansetzen.

3 Inzwischen den Parmesan fein reiben. Den Topf vom Herd nehmen, den Parmesan unterrühren und alles zugedeckt ca. 2 Min. ziehen lassen. Noch einmal durchrühren und mit Salz und Pfeffer abschmecken. Auf Teller verteilen und mit Petersilie bestreut servieren.

SOMMERROLLEN MIT KURKUMA-MAYO

AUS VIETNAM

Für 2 Personen • 30 Min. Zubereitung • Pro Portion ca. 440 kcal, 15 g E, 33 g F, 21 g KH

FÜR DIE FÜLLUNG

200 g Tofu
2 Knoblauchzehen
3 EL Sojasauce
25 g Baby-Blattspinat
75 g Kirschtomaten
50 g Champignons

FÜR DEN DIP

65 g Mayonnaise
1 EL Zitronensaft
½ TL gemahlene Kurkuma

FÜR DIE SOMMERROLLEN

4 Blätter mittelgroßes rundes Reispapier (30 g)

FÜLLUNG: Den Tofu trocken tupfen und in ½ cm breite Streifen schneiden. Knoblauch schälen und durch die Presse drücken. Knoblauch und Sojasauce in einer Schüssel mischen, die Tofustreifen zugeben und darin marinieren (Bild 1).

Inzwischen den Spinat waschen und gut trocken schütteln. Die Kirschtomaten ebenfalls waschen, trocken tupfen und in feine Scheiben schneiden. Champignons putzen und in feine Scheiben hobeln oder schneiden (Bild 2).

DIP: Mayonnaise, Zitronensaft und Kurkuma in eine Schüssel geben und gründlich verrühren (Bild 3).

SOMMERROLLEN: Einen tiefen Teller mit lauwarmem Wasser füllen und nacheinander jeweils 1 Reispapier komplett eintauchen. Eingeweichtes Reispapier auf eine Arbeitsfläche legen.

FERTIGSTELLEN: Auf die untere Hälfte des Reispapiers ein paar Champignonscheiben in zwei Reihen leicht überlappend verteilen. Diese mit Spinat, Tomatenscheiben und Tofu belegen (Bild 4). Die Seiten des Reispapiers leicht über die Füllung klappen und die Rolle von unten eng aufrollen (Bild 5). Mit den übrigen Rollen genauso verfahren. Die Sommerrollen mit dem Dip servieren (Bild 6).

Für 2 Personen • 15 Min. Zubereitung • Pro Portion ca. 545 kcal, 22 g E, 46 g F, 12 g KH

GEBRATENER TOFU AUF MÖHREN-ERDNUSS-SALAT

SCHNELL

FÜR DEN TOFU

250 g Tofu
50 g Kokosöl
1 TL Currypulver

FÜR DEN SALAT

300 g Möhren
50 g Erdnusskerne
1 Stück Ingwer (ca. 2 cm)
2 EL Limettensaft
Salz
½ Bund Koriandergrün

TOFU: Den Tofu trocken tupfen und in ½ cm dicke Stifte schneiden. Das Kokosöl in einer Pfanne bei mittlerer Hitze zerlassen. Den Tofu darin 4 Min. pro Seite braten.

SALAT: Inzwischen die Möhren schälen, putzen und in kleine Stücke schneiden. Die Erdnüsse im Blitzhacker fein hacken, dann beiseitestellen. Die Möhren ebenfalls im Blitzhacker klein hacken. Ingwer schälen und fein reiben. Den Limettensaft mit den Möhren und Erdnüssen in eine Schüssel geben. ½ TL Salz und den Ingwer hinzufügen und alles gründlich vermengen. Koriander waschen und trocken schütteln, die Blätter abzupfen und klein hacken.

FERTIGSTELLEN: Das Currypulver in die Pfanne geben und gründlich mit dem Tofu vermengen. Ca. 1 Min. schwenken. Den Tofu aus der Pfanne nehmen, das Öl aus der Pfanne zum Möhrensalat geben und untermischen. Den Salat mit Koriander bestreuen, mit den Tofustiften belegen und servieren.

Für 2 Personen • 25 Min. Zubereitung • Pro Portion ca. 870 kcal, 36 g E, 74 g F, 10 g KH

TOFU MIT ERDNUSS-KOKOS-DIP

EXOTISCH

400 g Tofu
3 EL Rapsöl (ersatzweise Sonnenblumenöl)
80 g gemischter Blattsalat
1 Limette
100 g Kokosmilch
75 g Erdnussmus
3 Msp. Chilipulver (Gewürzmischung)
Salz
1 Avocado

1 Den Tofu trocken tupfen und längs in 4 Scheiben schneiden. Diese in je 4 Dreiecke zerteilen. Je 1 ½ EL Öl in zwei Pfannen erhitzen. Die Tofuecken darin in 7–8 Min. pro Seite knusprig braten.

2 Inzwischen den Salat waschen und trocken schleudern. Die Limette halbieren und auspressen. Zwei Drittel des Limettensafts mit 75 g Kokosmilch und dem Erdnussmus glatt rühren. Den Dip mit 2 Msp. Chilipulver und Salz abschmecken.

3 Den restlichen Limettensaft mit der übrigen Kokosmilch (25 g) und 1 Msp. Chilipulver zu einem Dressing verrühren, mit Salz abschmecken. Den Salat mit dem Dressing vermengen und auf zwei Tellern anrichten. Die Avocado halbieren, entsteinen und das Fruchtfleisch mit einem Löffel aus den Schalen lösen. Avocado in feine Scheiben schneiden und auf dem Salat verteilen. Die Tofuecken mit dem Erdnuss-Kokos-Dip zum Salat servieren.

Für 2 Personen • 25 Min. Zubereitung • Pro Portion ca. 360 kcal, 20 g E, 24 g F, 19 g KH

ERBSEN-TOFU AUF KÜRBIS

GLUTENFREI

200 g Tofu
2 EL Rapsöl (ersatzweise Sonnenblumenöl)
½ TL gemahlene Kurkuma
200 g Butternuss-Kürbis (am besten das Halsstück; ersatzweise Hokkaido-Kürbis)
100 g Seidentofu
75 g TK-Erbsen
Salz, Pfeffer
1 Bio-Zitrone
75 g Frischkäse
8 Stängel Petersilie

1 Tofu trocken tupfen und zerbröseln. Das Öl in einer Pfanne erhitzen. Tofu mit Kurkuma darin 2–3 Min. bei großer Hitze anbraten. Die Temperatur reduzieren und den Tofu weitere 5 Min. braten.

2 Inzwischen den Kürbis schälen und in ½ cm dicke Scheiben schneiden. Den Seidentofu klein schneiden und mit den Erbsen in die Pfanne geben. Alles kräftig salzen und pfeffern, gut verrühren und bei kleiner Hitze 5–7 Min. garen, dabei gelegentlich wenden.

3 Inzwischen die Kürbisscheiben im Toaster auf höchster Stufe mindestens zweimal toasten. Die Zitrone heiß waschen, abtrocknen und die Schale fein abreiben. Den Frischkäse mit Zitronenschale und etwas Pfeffer vermengen. Die Petersilie abbrausen und trocken schütteln, die Blätter abzupfen und fein hacken. Kürbisscheiben mit Frischkäse bestreichen. Die Tofumischung daraufgeben und die Toasts mit Petersilie bestreut servieren.

Für 4 Personen • 30 Min. Zubereitung • Pro Portion ca. 705 kcal, 27 g E, 58 g F, 16 g KH

MEDITERRANE FRITTATA

LOW CARB

2 rote Paprika
2 kleine Zucchini (ca. 300 g)
2 rote Zwiebeln
250 g Schafskäse (Feta)
5 Eier (M)
250 g Sahne
2 TL getrockneter Oregano
Salz, Pfeffer
4 EL Olivenöl
½ Bund Petersilie
200 g veganes rotes Pesto (aus dem Glas; z. B. Pesto Rustico)

GUT ZU WISSEN
Eine Pfanne mit Kunststoffgriff kann in den Ofen, wenn Sie ihn vorher mit einem Schutzüberzug aus Silikon – gibt's im Fachhandel – überziehen. Alternativ können Sie den Griff fest mit Alufolie umwickeln.

1 Den Backofen auf 200 °C vorheizen. Die Paprika waschen und längs vierteln, Trennwände und Kerne entfernen und die Viertel in fingerbreite Streifen schneiden. Die Zucchini putzen, waschen und in ca. 3 mm dicke Scheiben schneiden. Die Zwiebeln schälen, halbieren und in feine Streifen schneiden.

2 Den Schafskäse zerbröseln, die Hälfte davon mit den Eiern und der Sahne in einem hohen Rührbecher mit dem Pürierstab fein pürieren. Mit Oregano, Salz und Pfeffer würzen.

3 Das Öl in einer großen ofenfesten beschichteten Pfanne erhitzen. Paprika, Zucchini und Zwiebeln darin bei mittlerer bis großer Hitze ca. 3 Min. anbraten. Die Schafskäse-Eier-Masse gleichmäßig über das Gemüse gießen und ca. 2 Min. bei kleiner Hitze stocken lassen.

4 Inzwischen die Petersilie abbrausen und trocken schütteln, die Blätter abzupfen und grob hacken. Die Petersilie und den übrigen Feta über die Frittata streuen. Die Frittata im Ofen (Mitte) 13–15 Min. backen.

5 Die Frittata aus dem Ofen nehmen und kurz ruhen lassen. Zum Servieren wie eine Torte in Stücke schneiden, auf Teller geben und mit dem Pesto servieren. Dazu passt ein gemischter Blattsalat mit Vinaigrette.

Für 2 Personen • 20 Min. Zubereitung • Pro Portion ca. 595 kcal, 22 g E, 31 g F, 55 g KH

AUBERGINEN-COUSCOUS-PFANNE MIT FETA

WÜRZIGER SATTMACHER

100 g Instant-Couscous
Salz
1 kleine Aubergine (ca. 200 g)
1 große Schalotte
260 g Kichererbsen (aus der Dose)
4 EL Olivenöl
Pfeffer
3 EL Zitronensaft
1 TL Ras el Hanout (Gewürzmischung)
100 g Schafskäse (Feta)
4 Stängel Petersilie

1 Den Couscous und ½ TL Salz in eine Schüssel geben. 100 ml Wasser aufkochen und über den Couscous gießen. Den Couscous zugedeckt ca. 5 Min. quellen lassen.

2 Inzwischen die Aubergine putzen, waschen und in ca. 1 cm große Würfel schneiden. Die Schalotte schälen, halbieren und in feine Spalten schneiden. Die Kichererbsen in einem Sieb kalt abspülen und abtropfen lassen.

3 In einer Pfanne 2 EL Öl erhitzen. Die Auberginenwürfel darin bei mittlerer Hitze ca. 2 Min. anbraten. Schalotten und Kichererbsen dazugeben und 2 Min. mitbraten. Mit Salz und Pfeffer würzen. Den Couscous mit dem übrigen Öl (2 EL) in die Pfanne geben und ca. 2 Min. mitbraten. Die Mischung mit Zitronensaft und Ras el Hanout würzen.

4 Den Feta grob zerbröseln. Die Petersilie abbrausen und trocken schütteln, die Blätter abzupfen und in grobe Stücke zupfen. Die Couscousmischung auf zwei Tellern anrichten, mit Petersilie und Feta bestreuen. Dazu schmeckt Sahnejoghurt, verrührt mit etwas Harissa-Paste.

GUT ZU WISSEN

Ras el Hanout besteht aus 10, 20 und sogar bis zu 40 (!) verschiedenen Gewürzen und Kräutern, u. a. Pfeffer, Gewürznelken, Kardamom, Kurkuma, Muskatnuss, Macis, Piment, Zimt, Chili. Man bekommt es in großen Supermärkten.

Für 2 Personen • 20 Min. Zubereitung • Pro Portion ca. 250 kcal, 13 g E, 17 g F, 13 g KH

KOHLRABI-EIERNUDELN

ASIATISCH

600 g junger Kohlrabi
2 Frühlingszwiebeln
1 Stück Ingwer (ca. 2 cm)
1 Knoblauchzehe
2 Eier
2 EL Sojasauce
2 EL Rapsöl
Salz (nach Belieben)

AUSSERDEM
Spiralschneider

1 Kohlrabi schälen und mit dem Spiralschneider zu »Spaghetti« schneiden. Die Frühlingszwiebeln putzen, waschen und schräg in feine Ringe schneiden. Ingwer schälen und fein hacken. Knoblauch schälen und in feine Scheiben hobeln. Die Eier in einen hohen Rührbecher aufschlagen, den Ingwer und die Sojasauce dazugeben und alles gut verquirlen.

2 Das Öl in einer Pfanne oder einem Wok erhitzen. Die Kohlrabinudeln darin ca. 2 Min. scharf anbraten. Frühlingszwiebeln und Knoblauch hinzufügen und ca. 1 Min. mitbraten.

3 Die Eiermischung noch einmal durchrühren, dann über die Kohlrabinudeln gießen und alles rasch wenden, bis das Ei nach ca. 1 Min. gestockt ist. Nach Belieben mit Salz oder Sojasauce abschmecken und sofort servieren.

Für 2 Personen • 20 Min. Zubereitung • Pro Portion ca. 640 kcal, 31 g E, 55 g F, 5 g KH

OMELETT MIT RUCOLA

ITALIENISCH

4 Eier
100 g Sahne
1 geh. EL Tomatenmark (25 g)
2 Msp. Chilipulver (Gewürzmischung)
125 g Mozzarella
2 EL Olivenöl (ersatzweise Öl der Tomaten)
1 Handvoll Rucola
40 g getrocknete Tomaten (in Öl)

1 Eier, Sahne, Tomatenmark und Chilipulver in einen hohen Rührbecher geben und mit einem Schneebesen gründlich verquirlen. Den Mozzarella gut abtropfen lassen und fein zerzupfen.

2 Je 1 EL Öl in zwei kleinen beschichteten Pfannen erhitzen und darin gleichmäßig verteilen. Die Eiermasse auf beide Pfannen verteilen und jede Portion mit der Hälfte des Mozzarellas bestreuen. Die Pfannen mit einem Deckel verschließen und die Omeletts bei kleiner Hitze in 6–7 Min. stocken lassen.

3 Inzwischen den Rucola waschen und trocken schütteln. Die Tomaten abtropfen lassen und in feine Streifen schneiden. Die Omeletts auf zwei Teller gleiten lassen. Tomaten und Rucola auf je eine Omelетthälfte geben, mit dem restlichen Mozzarella bestreuen und die andere Hälfte darüberklappen. Heiß servieren.

KOHLRABISCHNITZEL MIT AVOCADODIP

FÜR KINDER

Für 4 Personen • 30 Min. Zubereitung • Pro Portion ca. 650 kcal, 26 g E, 39 g F, 46 g KH

FÜR DIE SCHNITZEL

3–4 Kohlrabi (ca. 1 kg)
500 ml Gemüsebrühe
50 g Mehl
2 Eier (L)
Salz, Pfeffer
150 g Semmelbrösel
6 EL Rapsöl

FÜR DEN DIP

2 Avocados
2 EL Zitronensaft
400 g körniger Frischkäse
Salz, Pfeffer
1 Bund Schnittlauch

GUT ZU WISSEN

Das Kochwasser vom Kohlrabi nicht wegschütten! Es enthält viele Nährstoffe und ist eine aromatische Basis für eine Suppe oder Sauce.

SCHNITZEL: Die Kohlrabi putzen, schälen und in ca. 1 cm dicke Scheiben schneiden (Bild 1). Die Brühe in einem Topf aufkochen und die Kohlrabischeiben darin zugedeckt bei mittlerer Hitze 2–3 Min. kochen (Bild 2). Dann abgießen und am besten nebeneinanderliegend lauwarm abkühlen lassen.

Inzwischen das Mehl auf einen flachen Teller geben. Die Eier in einem tiefen Teller mit einer Gabel verquirlen (Bild 3) und mit Salz und Pfeffer würzen. Die Semmelbrösel auf einen flachen Teller geben. Die Kohlrabischeiben trocken tupfen, anschließend nacheinander zuerst im Mehl, dann im Ei und zum Schluss in den Semmelbröseln wenden.

DIP: Die Avocados halbieren und die Kerne entfernen. Das Fruchtfleisch aus der Schale lösen, mit dem Zitronensaft in eine Schüssel geben und mit einer Gabel fein zerdrücken. Den Frischkäse hinzufügen und alles gut vermischen (Bild 4). Den Dip mit Salz und Pfeffer würzen. Den Schnittlauch abbrausen, trocken schütteln, in feine Röllchen schneiden und bis auf 1 EL unter den Dip mischen.

FERTIGSTELLEN: Das Öl in einer großen beschichteten Pfanne erhitzen. Die Kohlrabischnitzel darin bei mittlerer Hitze in 3–4 Min. von beiden Seiten goldbraun braten (Bild 5). Herausnehmen und auf Küchenpapier entfetten. Mit dem Avocadodip anrichten und mit dem beiseitegelegten Schnittlauch bestreut servieren (Bild 6).

Für 2 Personen • 15 Min. Zubereitung • Pro Portion ca. 465 kcal, 24 g E, 39 g F, 4 g KH

PORTOBELLO-BURGER

SCHNELL

FÜR DIE BUNS

4 Portobellopilze (ersatzweise Riesenchampignons)
1 EL Olivenöl

FÜR DIE FÜLLUNG

200 g Halloumi
1 EL Olivenöl
2 Blätter Lollo bianco
60 g gegrillte Paprika in Öl (aus dem Glas)

FÜR DIE SAUCE

1 Knoblauchzehe
50 g Joghurt
Salz, Pfeffer

GETRÄNKE-TIPP
Zum Burger passt klassischerweise Limonade. Für Low-Carb-Limo 1 Bio-Zitrone waschen, vierteln, etwas andrücken und mit 1 Rosmarinzweig in eine Karaffe geben. Mit Mineralwasser auffüllen.

BUNS: Die Pilze putzen, die Stiele entfernen. Eine Pfanne stark erhitzen und die Pilze darin ohne Fett ca. 3 Min. auf der Außenseite anbraten. Anschließend die Pilze wenden, die Temperatur etwas reduzieren, das Öl dazugeben und die Pilze ca. 1 Min. auf der anderen Seite braten.

FÜLLUNG: Inzwischen den Halloumi quer halbieren. Das Öl in einer zweiten Pfanne erhitzen und den Käse darin in 3–4 Min. pro Seite bei mittlerer Hitze knusprig braun braten. Währenddessen die Salatblätter waschen und trocken schütteln. Die gegrillte Paprika abtropfen lassen.

SAUCE: Den Knoblauch schälen, durch die Presse drücken und mit dem Joghurt verrühren. Die Sauce mit Salz und Pfeffer kräftig abschmecken.

FERTIGSTELLEN: Zwei Pilzhälften mit gegrillter Paprika belegen und mit Joghurtsauce beträufeln. Die Salatblätter und den gebratenen Halloumi darauflegen. Die übrigen Pilzhälften daraufsetzen und die Burger heiß servieren.

SÜSSES

Ein schnelles Dessert oder eine süße Stärkung am Nachmittag gefällig? Die Naschereien reichen von Blitz-Tiramisu mit Erdbeeren über Joghurt-Gugels und Cupcakes bis hin zu Apfel-Kokos-Küchle und Biskuitrolle. Da sind auch spontane Gäste willkommen und die süßen Gelüste zwischendurch kein Problem!

SÜSSE SCHUPFNUDELN MIT BEERENSAUCE

FÜR NASCHKATZEN

400 ml roter Frucht-Smoothie (z. B. Brombeere, Erdbeere, Johannisbeere)
1 TL Speisestärke
300 g TK-Beerenmischung
4 EL Mandelblättchen
2 EL Rapsöl
500 g Schupfnudeln (aus dem Kühlregal)
1 TL Puderzucker
1 Pck. Vanillezucker

TIPP
Statt der Schupfnudeln können Sie auch Gnocchi oder Spätzle aus dem Kühlregal verwenden. Für eine exotische Variante die Sauce mit einem gelben Smoothie zubereiten und gefrorene Mangostücke zugeben. Statt mit Mandeln mit Kokos-Chips bestreuen.

1 50 ml Smoothie in eine kleine Schüssel geben und mit der Stärke glatt rühren. Restlichen Smoothie (350 ml) in einen Topf geben und aufkochen. Die angerührte Stärke einrühren, die Mischung erneut aufkochen und 1–2 Min. köcheln lassen, bis die Sauce andickt. Die TK-Beerenmischung dazugeben, alles noch einmal aufkochen, dann vom Herd nehmen und zugedeckt ziehen lassen.

2 Inzwischen die Mandelblättchen in einer beschichteten Pfanne ohne Fett anrösten, bis sie duften. Herausnehmen.

3 Das Öl in der Pfanne erhitzen und die Schupfnudeln darin unter Wenden in 5–6 Min. goldbraun braten. Puder- und Vanillezucker mischen und zum Schluss gleichmäßig über die Schupfnudeln streuen. Unter Wenden kurz bräunen.

4 Die Schupfnudeln mit der Beerensauce anrichten und großzügig mit den Mandelblättchen bestreuen.

Für 4 Personen • 25 Min. Zubereitung • Pro Portion ca. 250 kcal, 4 g E, 13 g F, 31 g KH

MELONEN-MINZE-MOUSSE

MIT FEINER KOKOSNOTE

4 Stängel Minze
500 g reife Cantaloupe-Melone
1 Bio-Limette
3 EL Kokos-Chips
250 g griechischer Sahnejoghurt
100 g cremige Kokosmilch (aus der Dose)
2 TL Johannisbrotkernmehl (aus Bioladen oder Reformhaus)
50 g Vollrohrzucker
2 Eiweiß
Salz

1 Die Minze abbrausen und trocken schütteln, die Blätter (bis auf ein paar) abzupfen und in feine Streifen schneiden. Die Melone entkernen, schälen und ca. 1 ½ cm klein würfeln. Die Limette heiß waschen, abtrocknen, die Schale fein abreiben und ca. 2 EL Saft auspressen. Die Melonenwürfel mit den Minzestreifen und dem Limettensaft mischen und auf vier Dessertschalen oder -gläser verteilen.

2 Die Kokos-Chips in einer Pfanne ohne Fett anrösten. Auf einem Teller abkühlen lassen.

3 Den Joghurt mit Kokosmilch, Limettenschale, Johannisbrotkernmehl und 25 g Zucker verrühren. Die Eiweiße mit 1 Prise Salz steif schlagen, dabei nach und nach den übrigen Zucker (25 g) einrieseln lassen. Den Eischnee vorsichtig unter den Kokosjoghurt heben. Die Mousse auf den Melonenwürfeln in den Schalen verteilen. Mit Kokos-Chips und übriger Minze garnieren und servieren.

Für 4 Personen • 20 Min. Zubereitung • Pro Portion ca. 370 kcal, 10 g E, 21 g F, 34 g KH

TIRAMISU MIT ERDBEEREN

KLASSIKER AUF SCHNELLE ART

½ Bio-Orange
125 g Mascarpone
150 g Magerquark
50 g Vollrohrzucker
1 Eiweiß
Salz
300 g Erdbeeren
8 Vollkorn-Dinkelzwiebacke
3 EL kalter Espresso
2 EL Orangenlikör (ersatzweise Orangensaft)
20 g Zartbitter-Schokolade (mind. 70 % Kakao)

1 Die Orange heiß waschen, abtrocknen und die Schale fein abreiben. Den Mascarpone mit Quark, Orangenschale und Zucker mit den Quirlen des Handrührgeräts glatt rühren. Das Eiweiß mit 1 Prise Salz zu steifem Schnee schlagen und vorsichtig unter die Mascarponecreme heben. Die Erdbeeren kurz abbrausen und die grünen Blätter entfernen. Erdbeeren in Scheiben schneiden.

2 Je 2 Zwiebacke nebeneinander auf vier Teller legen. Espresso mit Orangenlikör mischen und auf die Zwiebacke träufeln. Die Mascarponecreme darauf verteilen, die Erdbeerscheiben überlappend darauflegen.

3 Die Schokolade auf der Rohkostreibe oder mit dem Sparschäler in Streifen schneiden oder hobeln. Das Tiramisu mit den Schokoraspeln bestreuen und gleich servieren.

Für 12 Stück • 10 Min. Zubereitung • 25 Min. Backen • Pro Stück ca. 280 kcal, 4 g E, 15 g F, 33 g KH

BEEREN-MINIS

SOMMER-REZEPT

200 g Heidelbeeren • 1 Pck. Vanillezucker • 180 g weiche Butter • 180 g Puderzucker • 3 Eier (M) • 250 g Mehl • 1 TL Backpulver • 12er-Muffinform (ersatzweise Muffin-Papierförmchen) • Fett für die Form • Puderzucker zum Bestreuen

1 Backofen auf 180° vorheizen. Die Mulden der Form fetten. Die Heidelbeeren verlesen, kurz abbrausen und abtropfen lassen. In einer Schüssel mit dem Vanillezucker vermischen.

2 Butter, Puderzucker und Eier in einer Rührschüssel mit den Rührbesen des Handrührgeräts cremig verrühren. Mehl und Backpulver untermischen. Die Heidelbeeren vorsichtig unterziehen.

3 Den Teig in die Mulden füllen und im Ofen (Mitte) ca. 25 Min. backen. Die Minis abgekühlt aus den Formen lösen und mit Puderzucker bestreuen.

Für 20 Stück • 15 Min. Zubereitung • 15 Min. Backen pro Blech • Pro Stück ca. 155 kcal, 2 g E, 5 g F, 25 g KH

MINI-AMERIKANER

FÜR KINDER

100 g weiche Butter • 100 g Zucker • 2 Eier (M) • 1 Pck. Sahnepuddingpulver • 250 g Mehl • 3 TL Backpulver • 9 EL zimmerwarme Milch • 200 g Puderzucker • Zuckerperlen, Schokostreusel

1 Backofen auf 180° vorheizen. Zwei Bleche mit Backpapier auslegen. Butter, Zucker und Eier in einer Schüssel cremig verrühren. Puddingpulver untermischen. Mehl und Backpulver im Wechsel mit 4 EL Milch unter den Teig rühren.

2 Mit zwei Teelöffeln kleine Häufchen vom Teig abnehmen, mit ca. 5 cm Abstand auf die Bleche setzen. Bleche nacheinander in den Ofen (Mitte) schieben und die Minis je 15 Min. backen.

3 Herausnehmen, warm mit 2 EL Milch bestreichen und auf der flachen Seite mit einer Glasur aus dem Puderzucker und der übrigen Milch (3 EL) bestreichen. Nach Wunsch verzieren.

Für 12 Stück • 10 Min. Zubereitung • 25 Min. Backen • Pro Stück ca. 260 kcal, 4 g E, 12 g F, 35 g KH

JOGHURT-GUGELS

EINFACH

200 g Joghurt (10 % Fett) • 100 ml Öl • 3 EL Zitronensaft • 150 g Zucker • 3 Eier (M) • 220 g Mehl • 1 TL Backpulver • 12 flexible Gugelhupf-förmchen • 100 g Puderzucker

1 Backofen auf 180° vorheizen. Die Förmchen auf ein Blech stellen. Joghurt, Öl, 2 EL Zitronensaft, Zucker und Eier in eine Rührschüssel geben und mit den Rührbesen des Handrührgeräts glatt rühren. Mehl mit Backpulver unterrühren.

2 Den Teig in die Förmchen füllen. Im heißen Ofen (Mitte) ca. 25 Min. backen. Herausnehmen und leicht abgekühlt aus den Förmchen stürzen.

3 Puderzucker mit 1–2 EL Wasser und übrigem Zitronensaft (1 EL) zu einem dünnflüssigen Guss verrühren. Die warmen Gugels mit der Glasur bestreichen und vollständig abkühlen lassen.

Für 12 Stück • 15 Min. Zubereitung • 25 Min. Backen • Pro Stück ca. 330 kcal, 5 g E, 23 g F, 26 g KH

CUPCAKES

FÜR KINDER

150 g weiche Butter • 100 g Frischkäse (Doppelrahmstufe) • 100 g Puderzucker • 3 Eier (M) • 200 g Mehl • ½ TL Backpulver • 100 g Zartbitter-Schokoladenraspel • 200 g Sahne • 1 Pck. Vanillezucker • 12er-Muffinform • Fett für die Form • Spritzbeutel mit Lochtülle (ca. 1 cm)

1 Backofen auf 180° vorheizen. Die Mulden der Form fetten. Butter, 80 g Frischkäse und Puderzucker verrühren, Eier einzeln unterrühren.

2 Mehl, Backpulver und 80 g Schokoraspel mischen und unter den Teig rühren. Teig in die Mulden geben und im Ofen (Mitte) ca. 25 Min. backen. Abgekühlt aus der Form lösen.

3 Sahne steif schlagen, Vanillezucker, übrigen Frischkäse (20 g) unterrühren. Creme mithilfe eines Spritzbeutels auf die Cupcakes spritzen, mit übrigen Schokoraspeln (20 g) bestreuen.

Für 4 Personen • 30 Min. Zubereitung • Pro Portion ca. 475 kcal, 11 g E, 20 g F, 60 g KH

GRIESSBREI MIT NEKTARINEN

HEISS GELIEBT

500 g Nektarinen
100 ml frisch gepresster Orangensaft
2 EL Honig
1 TL Johannisbrotkernmehl (Reformhaus oder Bioladen)
1 Msp. Zimtpulver
1 l Mandeldrink
4 EL Vollrohrzucker
1 TL abgeriebene Schale von 1 Bio-Orange
40 g Butter
100 g Vollkorn-Dinkelgrieß
2 Eier
2 EL Mandelblättchen

1 Die Nektarinen waschen, halbieren, entsteinen und in Spalten schneiden. Orangensaft, 100 ml Wasser, Honig und Johannisbrotkernmehl in einem Topf verrühren und aufkochen lassen. Nektarinen und Zimt dazugeben und die Früchte zugedeckt bei kleiner Hitze 4–5 Min. dünsten, dabei ab und zu umrühren. Das Kompott vom Herd nehmen.

2 Den Mandeldrink mit Zucker, Orangenschale und Butter in einem Topf zum Kochen bringen. Den Grieß einrieseln lassen, durchrühren, aufkochen und ohne Hitzezufuhr zugedeckt ca. 5 Min. quellen lassen.

3 Die Eier nacheinander unter den Grießbrei rühren. Den Brei auf vier Schalen oder tiefe Teller verteilen. Die Hälfte vom Kompott darauf anrichten und mit den Mandelblättchen – nach Belieben geröstet – bestreuen. Das übrige Kompott extra dazu servieren.

Für 4 Personen • 30 Min. Zubereitung • Pro Portion ca. 440 kcal, 11 g E, 22 g F, 48 g KH

APFEL-KOKOS-KÜCHLE

KLASSIKER AUF NEUE ART

90 g Vollkorn-Dinkelmehl
60 g Kokosraspel
4 EL Vollrohrzucker
200 ml Mineralwasser
2 Eier
Salz
4 säuerliche Äpfel (z. B. Boskop)
2 EL Kokosöl (20 g)
400 ml Milch
1 TL Johannisbrotkernmehl (Reformhaus oder Bioladen)
1 TL gemahlene Bourbon-Vanille

1 Für den Teig Mehl, Kokosraspel und 2 EL Zucker mit dem Mineralwasser glatt rühren. Die Eier trennen und die Eigelbe unter den Teig rühren. Die Eiweiße mit 1 Prise Salz steif schlagen und unterziehen.

2 Die Äpfel waschen, die Kerngehäuse mit einem Apfelausstecher ausstechen und die Äpfel quer in ca. 1 cm dicke Scheiben schneiden. Das Kokosöl in einer großen beschichteten Pfanne erhitzen. Die Apfelscheiben durch den Ausbackteig ziehen und im heißen Fett portionsweise auf beiden Seiten in 4–5 Min. goldgelb braten. Fertige Apfelküchle auf Küchenpapier entfetten.

3 Inzwischen für die Vanillesauce Milch, Johannisbrotkernmehl, übrigen Zucker (2 EL) und die Vanille in einen Topf geben und unter Rühren einmal aufkochen lassen. Vom Herd nehmen. Die Apfelküchlein auf Tellern anrichten und die Vanillesauce dazu reichen.

Für 20 Stücke • 15 Min. Zubereitung • 12 Min. Backen • Pro Stück ca. 90 kcal, 2 g E, 2 g F, 16 g KH

BISKUITROLLE

SCHNELLER GEHT'S NICHT!

5 Eier (M)
Salz
1 Pck. Vanillezucker
80 g Zucker
80 g Mehl
Backpulver
250 g Erdbeerkonfitüre
1 EL Zitronensaft

AUSSERDEM

sehr feiner Zucker zum Arbeiten
Puderzucker zum Bestreuen

MEHR DARAUS MACHEN

Für eine geeiste Schokorolle 100 g Zartbitter-Schokolade in Stücke brechen und in 150 g warmer Sahne schmelzen. Abgekühlt auf den Biskuitboden streichen und diesen einrollen. Bis zum Genuss in das Tiefkühlfach geben.

1 Den Backofen auf 200° vorheizen. Das Backblech mit Backpapier auslegen. Die Eier in eine Rührschüssel geben, 1 Prise Salz, Vanillezucker und Zucker hinzufügen und alles mit den Rührbesen des Handrührgeräts dickcremig aufschlagen.

2 In einer Schüssel das Mehl mit 1 Msp. Backpulver mischen, über die Eiercreme sieben und mit einem Teigschaber locker untermischen. Den Teig auf das vorbereitete Backblech streichen. Im Ofen (Mitte) in ca. 12 Min. goldbraun backen.

3 Inzwischen ein Geschirrtuch auf die Arbeitsfläche legen und leicht mit sehr feinem Zucker bestreuen. Den fertig gebackenen Biskuitboden auf das Tuch stürzen, das Backpapier vorsichtig abziehen und den Biskuit mithilfe des Tuches einrollen. Das Tuch entfernen und die Rolle abkühlen lassen.

4 Die Erdbeerkonfitüre in einer Schüssel mit dem Zitronensaft verrühren. Den abgekühlten Biskuit vorsichtig aufrollen, mit Konfitüre bestreichen und wieder einrollen. Bis zum Genuss kühl stellen. Zum Servieren mit Puderzucker bestreuen.

REGISTER

Vegetarische Rezepte, die im Buch mit einem 🌢 gekennzeichnet sind, sind hier grün abgesetzt.

A

B

C

S

T

Abkürzungsverzeichnis:
E = Eiweiß
EL = Esslöffel (gestrichen)
F = Fett
kcal = Kilokalorien
KH = Kohlenhydrate
Msp. = Messerspitze
Pck. = Päckchen
TK = Tiefkühl
TL = Teelöffel (gestrichen)
Ø = Durchmesser

QUALITÄTS G|U GARANTIE

LIEBE LESERINNEN UND LESER,

wir wollen Ihnen mit diesem Buch Informationen und Anregungen geben, um Ihnen das Leben zu erleichtern oder Sie zu inspirieren, Neues auszuprobieren. Wir achten bei der Erstellung unserer Bücher auf Aktualität und stellen höchste Ansprüche an Inhalt und Gestaltung. Alle Anleitungen und Rezepte werden von unseren Autoren, jeweils Experten auf ihren Gebieten, gewissenhaft erstellt und von unseren Redakteur*innen mit größter Sorgfalt ausgewählt und geprüft.

Haben wir Ihre Erwartungen erfüllt? Sind Sie mit diesem Buch und seinen Inhalten zufrieden? Wir freuen uns auf Ihre Rückmeldung. Und wir freuen uns, wenn Sie diesen Titel weiterempfehlen, in Ihrem Freundeskreis oder bei Ihrem Online-Kauf.

Sollten wir Ihre Erwartungen so gar nicht erfüllt haben, tauschen wir Ihnen Ihr Buch jederzeit gegen ein gleichwertiges zum gleichen oder ähnlichen Thema um.

KONTAKT ZUM LESERSERVICE

GRÄFE UND UNZER VERLAG
Grillparzerstraße 12
81675 München
www.gu.de

IMPRESSUM

G|U

GU ist eine eingetragene Marke der GRÄFE UND UNZER VERLAG GmbH, www.gu.de

ISBN 978-3-8338-8730-7
1. Auflage 2023

Projektleitung: Nathalie Künzl
Lektorat: Katharina Lisson
Korrektorat: Christian Wolf
Umschlaggestaltung: ki36 Editorial Design, Sabine Krohberger, München
Innenlayout: independent Medien-Design, Horst Moser, München
Herstellung: Petra Roth
Satz: Reemers Publishing Services GmbH
Reproduktion: medienprinzen GmbH
Druck + Bindung: Firmengruppe APPL, aprinta druck, Wemding
Printed in Germany

GRÄFE UND UNZER

Ein Unternehmen der
GANSKE VERLAGSGRUPPE

BILDNACHWEIS:
Klaus Arras: 18, 19, 22, 23, 24, 32, 35, 36, 37, 44, 45, 51, 52, 53, 54, 60, 61, 74, 75, 80, 84, 87, 88, 90, 91, 94, 95, 100, 101, 102, 104, 106, 107, 109, 112, 114, 115, 116, 118, 119, 121, 122, 124, 125, 134, 135, 137, 143, 145, 146, 147, 148, 149, 152, 153, 165, 184, 188, 191, 192, 193, 198, 199, 203
Martina Grossmann und Monika Schürle: 8, 9
Julia Hoersch: 56
Coco Lang: 14, 15
Jana Liebenstein: 93, 97, 110, 111, 139, 177, 186, 187, 207
Mathias Neubauer: 16, 204, 210, 211, 215
Ulrike Schmid, Sabine Mader: 20, 21, 29, 30, 31, 47, 48, 49, 65, 66, 67, 70, 71, 73, 82, 83, 99, 127, 129, 130, 131, 132, 161, 162, 163, 167, 168, 169, 197
Anke Schütz: 6, 7, 11, 12, 13, 26, 27, 39, 40, 41, 42, 59, 62, 63, 151, 155, 156, 157, 159, 179, 208, 209, 212, 213
Katrin Winner: 69, 77, 78, 79, 140, 171, 172, 174, 175, 180, 181, 182, 195, 200
Syndication: www.seasons.agency

UMWELTHINWEIS:
Nachhaltigkeit ist uns sehr wichtig. Der Rohstoff Papier ist in der Buchproduktion hierfür von entscheidender Bedeutung. Daher ist dieses Buch auf PEFC-zertifiziertem Papier gedruckt. PEFC garantiert, dass ökologische, soziale und ökonomische Aspekte in der Verarbeitungskette unabhängig überwacht werden und lückenlos nachvollziehbar sind.

Die GU-Homepage finden Sie unter www.gu.de